O PEQUENO LIVRO DE
JESUS

Priya Hemenway

O PEQUENO LIVRO DE
JESUS

Tradução:

Elenice Barbosa de Araújo

EDITORA PENSAMENTO
São Paulo

Título original: *The Little Book of Jesus.*

Copyright © 2004 The Book Laboratory Inc.

Todos os direitos reservados. Nenhuma parte deste livro pode ser reproduzida ou usada de qualquer forma ou por qualquer meio, eletrônico ou mecânico, inclusive fotocópias, gravações ou sistema de armazenamento em banco de dados, sem permissão por escrito, exceto nos casos de trechos curtos citados em resenhas críticas ou artigos de revistas.

A Editora Pensamento-Cultrix Ltda. não se responsabiliza por eventuais mudanças ocorridas nos endereços convencionais ou eletrônicos citados neste livro.

Dados Internacionais de Catalogação na Publicação (CIP)
(Câmara Brasileira do Livro, SP, Brasil)

Hemenway, Priya
 O pequeno livro de Jesus / Priya Hemenway;
 tradução Elenice Barbosa de Araújo. -- São Paulo : Pensamento, 2006

 Título original: The little book of Jesus.
 ISBN 85-315-1469-X

 1. Jesus Cristo - Biografia - Literatura infanto-juvenil 2. Jesus Cristo - Historicidade I. Título.

06-6994   CDD-232.901

Índices para catálogo sistemático:
1. Jesus Cristo: Biografia para crianças 232.901

O primeiro número à esquerda indica a edição, ou reedição, desta obra.
A primeira dezena à direita indica o ano em que esta edição, ou reedição, foi publicada.

Edição   Ano
1-2-3-4-5-6-7-8-9-10-11   06-07-08-09-10-11-12-13

Direitos de tradução para o Brasil
adquiridos com exclusividade pela
EDITORA PENSAMENTO-CULTRIX LTDA.
Rua Dr. Mário Vicente, 368 — 04270-000 — São Paulo, SP
Fone: 6166-9000 — Fax: 6166-9008
E-mail: pensamento@cultrix.com.br
http://www.pensamento-cultrix.com.br
que se reserva a propriedade literária desta tradução.

Sumário

Introdução 7

Os Primeiros Anos 11

Os Ensinamentos 51

Os Últimos Dias 89

A Igreja 125

Considerações Finais 151

Agradecimentos 153

Introdução

A história de Jesus foi marcada por encanto e poesia. E, mesmo passados dois séculos, seu brilho não diminuiu. Os relatos sobre ele fazem referência a uma existência divina. Jesus veio ao mundo como o Messias, para cumprir a profecia de que Deus livraria o povo de Israel do sofrimento.

Com imensa tolerância, Jesus pregou o amor e a fé em Deus, promoveu curas milagrosas e pronunciou palavras de grande sabedoria. Reverenciado por uns como sendo o Messias, desabonado por outros, ele acabou crucificado por razões políticas. Entretanto, ele se ergueu para a vida eterna e está sentado à direita de Deus Pai, por força de sua relação prodigiosa, fruto da bênção suprema.

A vida e os ensinamentos de Jesus estão fundamentados na devoção a Deus. Ele arrebatou multidões para seu rebanho pregando contra a cobiça e o egoísmo. Sua vida se provou uma trama intricada, durante a qual ele lançou sua vasta rede e pescou para si homens e mulheres de toda sorte. Jesus deu a vida em nome das verdades e crenças que professava, deixando para o mundo uma mensagem de paz. A Igreja católica se encarregou de registrar sua história nos quatro Evangelhos do Novo Testamento, de diversas formas, segundo versava a tradição oral de iletrados, que remontava anos a fio. Embora contada e recontada uma infinidade de vezes, em diferentes versões, e sem consistência de detalhes, a essência da mensagem de Jesus permanece a mesma. As próximas páginas trazem um apanhado de trechos dos quatro Evangelhos combinados livremente, que, apesar de incompletos, conseguem transmitir a essência do que foi sua vida abençoada.

Ao longo da vida de Jesus, a essência dos seus ensinamentos foi transmitida de maneira bastante eloqüente tanto em ações quanto em palavras. Ele costumava destacar dois mandamentos como sendo a base de sua pregação.

O primeiro deles é: O Senhor nosso Deus é um só;
Ama O Senhor teu Deus sobre todas as coisas,
com todo o teu coração, com toda a tua alma e com toda a tua força.
E o segundo diz assim: Ama aos outros como a ti mesmo.

Introdução

Os Primeiros Anos

Os detalhes da vida de Jesus, como os conhecemos, foram escritos por homens diferentes, com sensibilidades diferentes, cerca de 40 a 120 anos depois da morte de Jesus. Durante esse período, sua história foi contada e recontada milhares de vezes. Fato e ficção podem muito bem ter sido confundidos, dado que sua mensagem era muito mais importante do que os detalhes históricos que a cercavam. O resultado disso são as passagens como as conhecemos hoje, reunidas nos Evangelhos de Mateus, Marcos, Lucas e João.

Segundo as Escrituras judaicas, Jesus nasceu e viveu a maior parte da vida na Palestina – a terra do povo de Israel. No século I a.C., a Palestina foi dividida em três províncias – Judéia, Galiléia e Samaria – todas elas subordinadas à legislação romana.

A Galiléia, que ficava mais ao norte, serviu de principal cenário para a vida de Jesus, principalmente na região às margens do lago, conhecido como o Mar da Galiléia. Sua cidade natal, Nazaré, era um vilarejo pequeno e quase sem importância – satélite da cidade de Sefora, maior e mais cosmopolita, distante cerca de uma hora a pé.

Durante os anos em que Jesus viveu, a Galiléia foi governada primeiro pelo rei Herodes o Grande (37-4 a.C.) e depois por seu filho, o tetrarca Herodes Antipas (4 a.C.- 39 d.C.), ambos como representantes do imperador de Roma.

A cidade mais importante da Palestina, tanto naquela época quanto hoje, era Jerusalém. Distante das rotas comerciais mais importantes e das áreas mais populosas, Jerusalém se destacava não pela economia, mas principalmente por ser um centro religioso e capital política; e atraía pessoas de todas as partes do mundo. Herodes o Grande havia iniciado imponentes obras na cidade, sendo a de maior destaque a reconstrução do Templo, foco central das peregrinações e festejos judaicos. A importância de Jerusalém ultrapassava e muito sua geografia, figurando como símbolo de esperança, onde Deus e a humanidade podiam viver em comunhão.

Jesus era presumidamente a materialização desse sonho. Quando se tornou adulto e começou a pregar, sua mensagem à humanidade defendia abertamente que o reino de Deus estava ao alcance de todos. Segundo Jesus, aqueles que se aproximassem dele conseguiriam conhecer e vivenciar esse reino.

Os Primeiros Anos

A Anunciação

Lucas é quem melhor narra a história do nascimento de Jesus. Ele começa por dizer que o anjo Gabriel foi enviado por Deus a uma cidade da Galiléia, chamada Nazaré, para visitar Maria, uma virgem prometida a um homem de nome José, proveniente da casa de Davi. Ao chegar, Gabriel saudou a virgem dizendo: "Alegra-te, cheia de graça, o Senhor está contigo!" Maria ficou confusa, sem entender o que estava acontecendo. Gabriel continuou: "Não temas, Maria! Encontraste graça junto de Deus. Eis que conceberás em teu seio e darás à luz um filho, a quem chamarás pelo nome de Jesus. Ele será grande, e será chamado Filho do Altíssimo; Deus, o Senhor, lhe dará o trono de Davi, seu pai; ele reinará para sempre sobre a casa de Jacó, e o seu reinado não terá fim".

"Como será isso, se não tenho relação com homem algum?", indagou Maria.

Gabriel explicou que por obra do mistério dos mistérios, Maria conceberia o Filho de Deus pela graça do Espírito Santo. Ao ouvir isso, Maria baixou a cabeça e disse: "Eis aqui a serva do Senhor. Que se cumpra em mim segundo a tua palavra!" Então, o anjo partiu.

Zacarias e Isabel

Cerca de seis meses antes da anunciação, Isabel, prima de Maria, e seu marido Zacarias também conceberam um filho por obra de um milagre. O casal, de idade avançada e sem filhos, morava nos montes da Judéia. Segundo os preceitos judaicos da época, a infertilidade era um sinal do descontentamento de Deus; desse modo, Isabel vivia sob o terrível estigma da desaprovação divina por ser estéril.

Zacarias era sacerdote. Certo dia, quando estava no templo, um anjo apareceu diante dele, para lhe avisar que sua mulher daria à luz um filho que receberia o nome de João. Este se tornaria profeta e arrebanharia muitos judeus para o rebanho de Deus, enquanto preparava a vinda do Messias.

O anjo disse: "Sou Gabriel, um mensageiro de Deus. Ele me enviou para te falar e dar a boa-nova. Como não creste em minha palavra, ficarás mudo e não poderás falar até que tudo se cumpra, no tempo devido".

Quando Zacarias deixou o templo, dirigiu-se a uma multidão que o aguardava do lado de fora. Como não podia falar, ele gesticulou e todos compreenderam que ele havia tido uma visão.

A Visita

Maria resolveu visitar a prima Isabel, que morava numa cidadezinha perto de Jerusalém. Quando entrou na casa, chamou pela prima e correu para abraçá-la. Ao fazer isso, o bebê no ventre de Isabel se remexeu como que reconhecendo a criança que Maria carregava. Isabel ficou extasiada, e, movida por um profundo entendimento da situação, saudou-a: "Bendita és tu entre as mulheres, e bendito o fruto do teu ventre". E perguntou a Maria: "De onde me vem a honra de vir a mim a mãe do meu Senhor? Pois logo que me chegou aos ouvidos a voz da tua saudação, o filho em meu ventre estremeceu de alegria".

Maria, enlevada com espanto e admiração, irrompeu a cantar:

Minha alma engrandece ao Senhor,
E meu Espírito exulta em Deus, meu Salvador.
Porque contemplou na humildade da sua serva.
Sim! Doravante as gerações todas
me chamarão de bem-aventurada,
Pois o Todo-Poderoso me fez grandes coisas.
Santo é o seu nome!

José e Maria Viajam para Belém

Embora não conste dos registros históricos, Lucas nos conta sobre um decreto de César Augusto, imperador de Roma, ordenando a realização de um censo na Palestina, para facilitar o recolhimento dos impostos. Assim, todos os cidadãos do sexo masculino deveriam voltar à sua cidade natal para a realização de um censo. Por esse motivo, José viajou com Maria de Nazaré para Belém.

Belém está situada cerca de 9 quilômetros ao sul de Nazaré. Lá, muitos séculos antes, havia nascido o grande rei Davi – responsável por unir as tribos de Israel e por fazer de Jerusalém a capital. Davi era um poeta e cantor muito querido, que tocava lira. Yahweh, o Deus judeu, havia proclamado por meio de um profeta que a linhagem de Davi libertaria o povo de Israel de seu sofrimento. Desde então, foram muitas as profecias relativas à vinda do Messias e o povo de Israel aguardava ansioso o seu nascimento.

A palavra "Messias" deriva de um antigo termo do aramaico que significa "ungido"; e por vezes foi usado como sinônimo de "rei". O profeta Micael havia afirmado especificamente que o Messias sairia de Belém.

Os Primeiros Anos

A Natividade

Maria chegou em Belém com José muito cansada e sentindo o peso do ventre. Ele procurou por um lugar que os hospedasse, mas a cidade estava lotada por causa do censo. Como não encontrassem lugar para ficar, eles se dirigiram até um estábulo desocupado, que podia também ser uma pequena caverna numa montanha nos arredores. Lá eles se acomodaram num canto seco e Maria deu à luz seu primogênito.

Ela enrolou o bebê em faixas e o deitou numa manjedoura. Com o coração transbordando de gratidão, exaustos e extremamente aliviados, Maria e José deram Graças ao Senhor e, logo em seguida, adormeceram.

Fruto da concepção divina, após o parto bem-sucedido, um grupo de anjos celestiais zelou pela criança. Assim, a sagrada família repousou, protegida pelo calor dos animais com os quais dividiam a estada. Quando o bebê completasse 40 dias, José e Maria o levariam até Jerusalém para a realização dos ritos religiosos ditados pelo costume judeu.

Os Pastores

Neste ínterim, uns poucos pastores vigiavam seus rebanhos em campos ali próximos, quando um anjo apareceu diante deles. Os pastores se amedrontaram, mas o anjo os tranqüilizou e os deixou à vontade: "Não temais, eis que vos anuncio a boa-nova que será de alegria para todo o povo".

Aos poucos, eles se acalmaram e o anjo pôde continuar a proclamar a fantástica novidade: "Hoje vos nasceu na cidade de Davi um Salvador, que é o Cristo Nosso Senhor. Isto vos servirá de sinal: achareis um recém-nascido envolto em faixas e deitado numa manjedoura".

Quando os anjos partiram, os pastores seguiram imediatamente para Belém, para conferir o que acontecera por lá. E, ao chegar, encontraram José e Maria ao lado do filho, deitado sobre uma manjedoura.

Depois de bendizerem o recém-nascido, os pastores voltaram para sua aldeia. Todos os que ouviam o relato deles sobre o acontecido se maravilhavam, e a notícia se espalhou rapidamente.

A Apresentação no Templo

Quando Jesus completou 40 dias de idade, Maria e José o levaram até o Templo em Jerusalém, para a cerimônia religiosa de costume. Como oferecimento pela purificação de Maria, foram sacrificadas duas pombinhas.

No templo estava presente também um homem chamado Simeão, que tivera uma visão na qual lhe fora revelado que ele não morreria sem antes ver o Messias. Simeão acompanhou toda a cerimônia com Jesus e os pais, e, assim que tudo terminou, ele tomou a criança nos braços e orou, "Agora, Senhor, deixai vosso servo ir em paz, segundo a vossa palavra. Porque os meus olhos viram a vossa salvação, que preparastes diante de todos os povos, como luz para iluminar as nações e para a glória do vosso povo de Israel". Maria e José se aproximaram, e Simeão os abençoou e sussurrou para Maria: "Eis que este menino foi colocado como causa de queda e de soerguimento de muitos em Israel, e como um sinal que provocará contradição; e a ti, uma espada traspassará tua alma a fim de serem revelados os pensamentos íntimos de muitos corações".

Em seguida, Ana, uma profetisa viúva que servia no templo, aproximou-se e deu graças. Ela também pegou o bebê no colo e falou sobre a redenção vindoura da humanidade por intermédio da santidade daquela criança.

Os Três Magos

O evangelho de Mateus também narra a história dos três magos que chegaram a Jerusalém vindos do leste, por causa da notícia sobre um recém-nascido que se tornaria o Rei dos Judeus. Eles foram até a corte do rei Herodes o Grande e, quando lhes foi pedido mais detalhes, contaram ter visto surgir sua estrela no céu, naquela mesma noite, e que teriam vindo para adorá-lo.

Ao ouvir aquilo, Herodes ficou alarmado; assim, reuniu os chefes sacerdotes e exigiu que lhe dissessem onde estava a criança. Os homens contaram a Herodes que profetas antigos haviam alertado sobre uma criança que nasceria em Belém.

Herodes então chamou os três magos e lhes pediu que fossem a Belém e encontrassem o bebê. "Ao encontrá-lo, avisai-me, para que também eu vá homenageá-lo." Assim, os três magos partiram em direção a Belém, guiados por uma estrela de brilho intenso, até o local onde estava o menino.

Os magos entraram no estábulo e, ao encontrar o bebê e Maria, ajoelharam-se e puseram-se a orar. A seguir, abriram os tesouros que traziam e presentearam a criança com ouro, incenso e mirra.

A Fuga para o Egito

Avisados por Deus, em sonho, para que não voltassem a se encontrar com Herodes, os magos tomaram um caminho diferente na volta ao seu país natal. Depois que eles partiram, um anjo disse a José em sonho que se levantasse e partisse com a mãe e o menino. "Foge para o Egito e permanece lá até que eu te avise, pois Herodes há de procurar o menino para o matar." Assim, a família rumou para o litoral e seguiu viagem por uma estrada costeira até o vale do Nilo.

Nos séculos anteriores, depois de seguir Moisés durante o êxodo do Egito, o povo de Israel e os egípcios haviam se engajado num relacionamento pacífico. Com o tempo, um crescente número de judeus tinha se mudado para o Egito e firmado residência ali. A cidade de Alexandria, por exemplo, havia se tornado um dos mais respeitados centros de aprendizagem judaica.

Não se sabe em que local do Egito a sagrada família se assentou, mas José e Maria certamente encontraram um paraíso seguro lá, enquanto esperavam que Herodes deixasse de ser uma ameaça para seu filho. Os cristãos coptas do Egito até hoje idolatram um sicômoro gigante, uma variedade de figueira, plantado em um jardim nos limites da antiga Heliópolis, a poucos quilômetros de Cairo, onde eles supostamente moraram.

O Massacre de Herodes

Os três magos não voltaram à corte, deixando Herodes furioso com sua traição. Assim, ele enviou suas tropas a Belém com ordem de matar todos os meninos com idade inferior a dois anos. O objetivo desse massacre infantil era matar o "Rei" recém-nascido.

Os soldados cumpriram a missão, deixando um rastro de horror entre as famílias de Belém. A região foi tomada por um profundo pesar, que mais tarde ficaria conhecido como Lamento de Raquel, em alusão ao choro e ao desespero das mulheres incapazes de superar a perda do filho.

Embora não exista registro histórico sobre um massacre infantil cometido por Herodes, é certo que ele, na busca da consolidação de seu governo sobre a Judéia, costumava punir com todo o rigor seus oponentes e recompensar com generosidade os que o apoiavam. Ele ordenou ainda o assassinato de sua esposa e de todos os seus parentes do sexo masculino, incluindo alguns dos próprios filhos, para evitar uma eventual disputa ao trono. Sua morte, no ano 4 a.C., fez explodir um profundo ressentimento acumulado ao longo de seu reinado, e o país se viu tomado por tensões e revoltas.

A Infância de Jesus

Herodes morreu, deixando em testamento para o filho Arcaelaus a porção sul da Palestina; e, para o outro filho, Herodes Antipas, o título de tetrarca (governador) e as terras ao norte.

Depois da morte de Herodes, um anjo apareceu a José em sonho, dizendo que ele deveria levar Maria e Jesus de volta a Israel. Ele, no entanto, com receio do novo governante, preferiu se instalar em Nazaré e, assim, talvez tenha se cumprido a profecia de que o Messias seria um Nazareno.

Existe uma lacuna de trinta anos entre o nascimento de Jesus e o começo de seu ministério. A única referência bíblica sobre a infância de Jesus está no Evangelho de São Lucas, quando este menciona que o menino cresceu sadio, e que era sábio e abençoado pela graça de Deus. Durante sua juventude é possível que tenha se divertido em companhia do primo João, filho de Isabel, e de seus irmãos, Jacó, José, Judas, Simão, e suas irmãs, Melcha e Escha. Há relatos nos Evangelhos Apócrifos sobre a infância de Jesus, e que falam de peraltices e milagres fantásticos, como uma ocasião em que ele matou crianças que pregaram uma peça nele, e em seguida as ressuscitou.

Jesus no Templo

Um único acontecimento narrado no Evangelho de Lucas sobre a infância de Jesus menciona um garoto de doze anos sendo levado ao Templo de Jerusalém. Os pais dele iam anualmente a Jerusalém para os festejos da Páscoa, juntamente com outras pessoas do interior.

Tendo tomado o caminho de volta, Maria e José já haviam caminhado quase o dia todo quando notaram que o menino Jesus não estava na caravana. Eles voltaram à capital e passaram três dias numa busca frenética pelo filho, até finalmente o encontrarem no Templo, sentado em meio aos sacerdotes e doutores, com os quais dialogava. Os homens estavam visivelmente impressionados com a capacidade de compreensão dele.

Maria perguntou ao filho o que tinha acontecido e por que ele não os tinha acompanhado, e Jesus respondeu-lhe com outra pergunta: "Por que me procuráveis? Não sabíeis que eu estava na casa de meu Pai?"

Sem bem compreender o significado daquelas palavras, Maria sentiu um sobressalto. A família então voltou para casa, em Nazaré.

Os Primeiros Anos

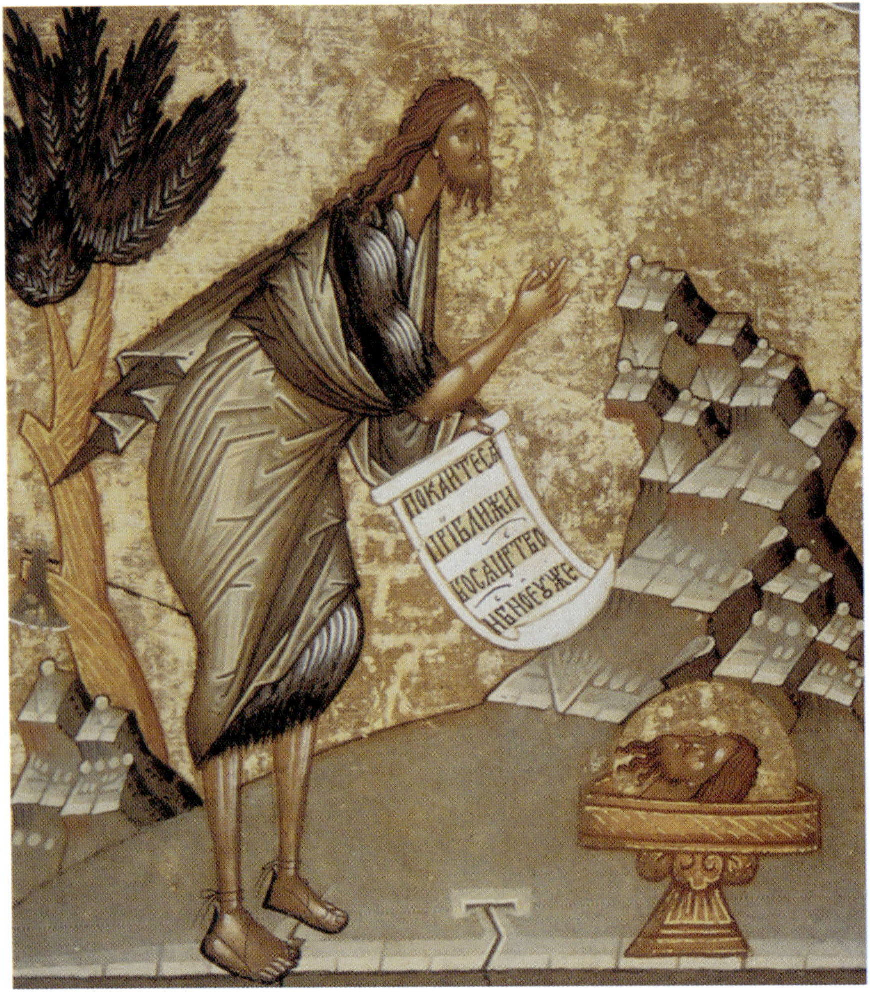
ПОКАИТЕСѦ
ПРІБЛИЖИ
БОСѦЦРТВО
НБНОЕУЖЕ

João Batista Prepara o Caminho

Após a morte dos pais, João Batista foi morar no deserto da Judéia, e tempos mais tarde mudou-se para o sertão ao leste do rio Jordão, onde começou a pregar e a praticar o ritual do batismo. Assim como os profetas que o antecederam, João se vestia com peles de carneiro e se alimentava de gafanhotos e de mel silvestre.

A essência da mensagem de João previa que a linha ancestral de Abraão não era garantia de salvação, e que seria necessário fazer um ato simbólico de renúncia. Segundo ele, era indispensável redimir-se dos pecados, aguardando o Dia do Julgamento.

João era muito extrovertido e o jovem Jesus certamente buscou inspiração nele. É provável, inclusive, que antes de iniciar seu próprio ministério ele próprio tenha sido discípulo de João.

João o Predecessor, como às vezes é chamado, cumpriu a profecia feita ao pai de que viria para preparar o caminho do Messias. Grandes multidões o procuravam para receber dele o batismo no rio Jordão, certos de que era ele o Messias. Mas João lhes dizia: "Eu vos batizo com água para o arrependimento, mas aquele que vem depois de mim é mais forte do que eu. De fato, eu não sou digno nem ao menos de lhe tirar as sandálias. Ele vos batizará com o Espírito Santo e com fogo".

O Batismo de Jesus

Certa ocasião, Jesus foi até às margens do rio Jordão, para ser batizado por João. No Evangelho não nos disseram de onde ele veio ou que preparativos estaria fazendo, mas está claro que nessa ocasião tinha trinta anos e um bom conhecimento das Escrituras. Ele devia ter estudado profundamente as questões de conteúdo espiritual e com muitos mestres.

Ao ver Jesus se aproximar, João já sabia que o homem à sua frente era aquele cuja chegada ele vinha anunciando. "Eis o Cordeiro de Deus, que tira o pecado do mundo", disse ele. E então tentou demovê-lo: "Eu é que devo ser batizado por ti. E tu vens a mim?" Jesus respondeu com humildade que assim deveria ser feito.

Terminado o batismo, Jesus se levantou da água e caminhou até a margem do rio. Nesse momento, o céu pareceu se abrir e João testemunhou o Espírito de Deus descer sobre Jesus sob a forma de uma pomba branca. Uma voz ecoou dos céus dizendo: "Este é o meu Filho amado, em quem me comprazo".

Os Primeiros Anos

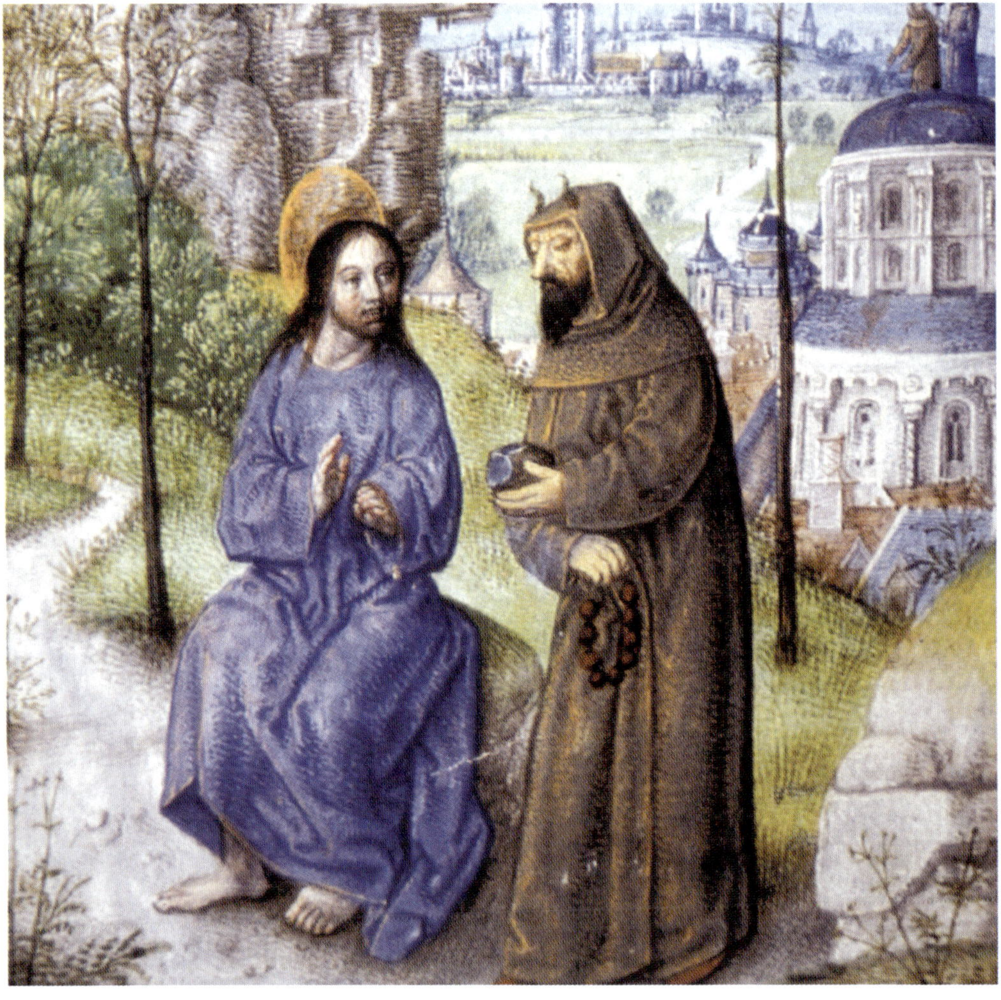

A Tentação no Deserto

Depois de ser batizado, Jesus se recolheu por quarenta dias na solidão do deserto, buscando fazer meditação profunda e purificar a alma, a fim de melhor se preparar para sua missão. Durante esse período, ele foi submetido a tentações extremas para o corpo e para a mente, que o levaram a tornar seu espírito indomável, puro e genuíno. Lucas descreveu as tentações no deserto como uma série de testes, nos quais Jesus foi visitado pelo demônio, que o tentou de diversas maneiras. Primeiro ele tentou fazer Jesus transformar pedras em pão. Mas Jesus respondeu que não via significado real naquilo. "Está escrito: Nem só de pão vive o homem, mas de toda a palavra de Deus."

Então, o demônio o sentou sobre um pináculo e o tentou novamente. "Se és o Filho de Deus, lança-te daqui abaixo. Por que está escrito: Ordenou aos seus anjos a teu respeito que te guardassem." Em resposta, Jesus assegurou que jamais trairia a confiança em Deus e nem permitiria que sua alma fosse tentada pela insipidez do mal.

Por fim, o demônio o levou até o topo de uma montanha e lhe disse que ele se tornaria o senhor de todas as coisas se rejeitasse a Deus. Jesus respondeu que adorava somente a Deus – "Adorarás somente o Senhor Teu Deus, e só a ele prestarás culto".

A Morte de João Batista

Naquele tempo, a Galiléia era governada por Herodes Antipas, filho de Herodes o Grande. João Batista pregou contra Antipas, recriminando-o por ele ter-se casado com a cunhada, Herodias, esposa do irmão. Esta, por sua vez, ficou furiosa com o anúncio público e exigiu a morte de João, mas Antipas não concordou. Temeroso por conta da reputação de João como homem santo, Antipas limitou-se a mandar prendê-lo.

Por ocasião de seu aniversário, Herodes mandou realizar um banquete para os nobres da corte. Salomé, filha de Herodias, dançou para todos durante a festa. Herodes ficou tão encantado que prometeu satisfazer um desejo da moça. Depois de consultar a mãe, Salomé disse a Herodes: "Quero sem demora que me entregues a cabeça de João Batista". Embora contrariado, o rei não teve como recusar, e enviou um de seus guardas à prisão, com ordem de trazer a cabeça de João Batista. Pouco depois a cabeça de João colocada sobre uma bandeja foi levada à moça, que a entregou à mãe, Herodias.

Ao tomarem conhecimento da morte terrível, os discípulos de João se encarregaram de buscar o corpo dele e o levaram para uma tumba. João o Predecessor pagara o preço final por discursar contra as autoridades, em nome da verdade.

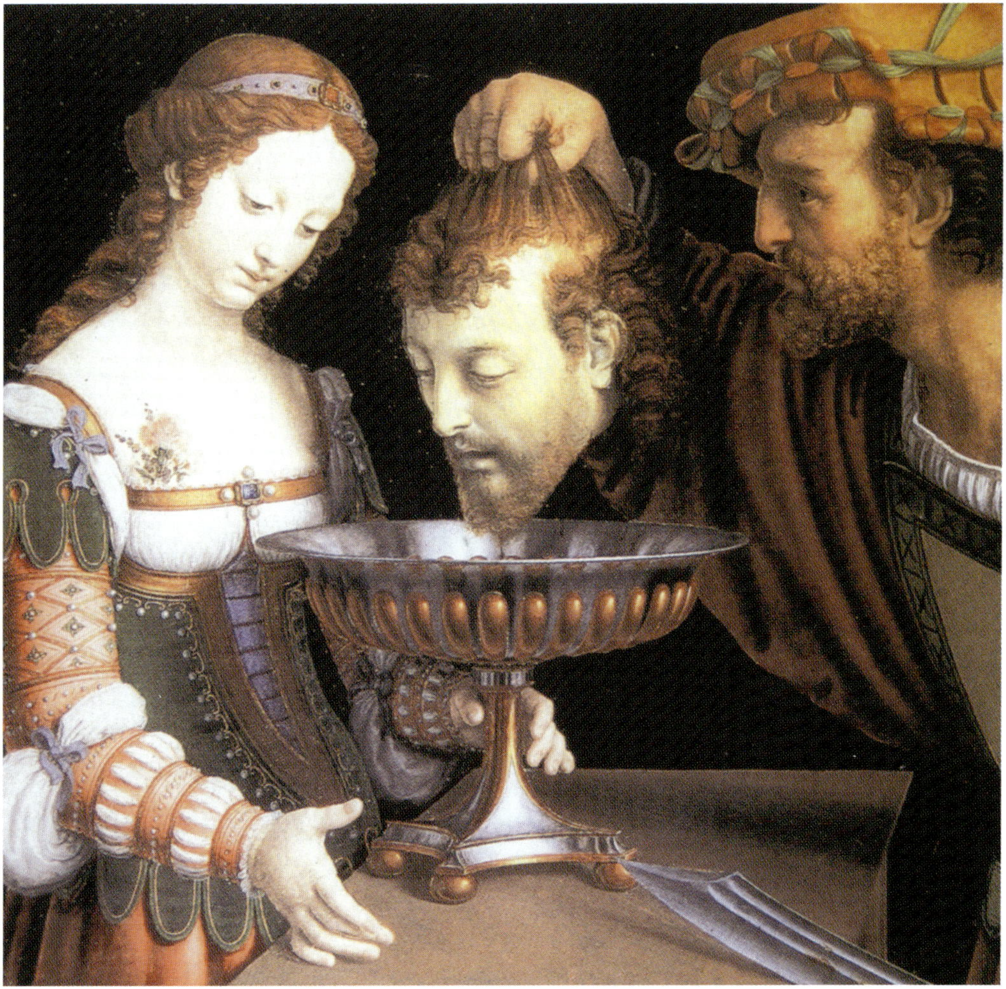

O PEQUENO LIVRO DE JESUS

A Escolha dos Primeiros Discípulos

Depois de vencer as tentações, Jesus regressou do deserto e começou a pregar em Nazaré, onde é possível que tenha conduzido cerimônias de batismo semelhantes às de João Batista. A princípio, ele pregava em sinagogas, mas com o tempo passou a falar em ambientes abertos, indo até as pessoas, em lugar de esperar por elas.

A prisão de João Batista agravou a tensão política, e Jesus foi a Cafarnaum, cidade às margens do mar da Galiléia, onde começou a reunir seus discípulos. Muitos, cativados por sua presença e suas palavras, ficaram tão comovidos que deixaram o lar e a família para segui-lo. E, imersos em sua presença, aprenderam lições valiosas.

André e o irmão Simão (Pedro) eram pescadores, e lançavam a rede ao mar da Galiléia, quando Jesus se aproximou e disse: "Vinde, segui-me e vos farei pescadores de homens". Assim, eles largaram as redes e o seguiram. Mais adiante, Jesus avistou Tiago e o irmão, João, também pescadores. Estes, quando foram chamados, seguiram Jesus deixando para trás o barco, as redes e o próprio pai.

O Milagre dos Pães

Jesus pregava para pequenos grupos que se formavam. Mas, quando a notícia de sua presença magnífica começou a se espalhar, esses grupos logo cresceram, e ele passou a ser visto como o sucessor natural de João ou, quiçá, o novo Messias, tão esperado por conta da opressão romana.

Certo dia, uma multidão de cerca de cinco mil pessoas estava reunida ouvindo Jesus pregar havia horas. Com o cair da noite, alguns discípulos alertaram a ele que já se fazia tarde, e as pessoas precisavam ir até os vilarejos próximos comprar comida. Jesus, porém, afirmou que não seria necessário. "Dai-lhes vós mesmos de comer." Mas os discípulos responderam que tinham apenas cinco pães e dois peixes.

Jesus pediu à multidão que se sentasse na relva. Então, ordenou que lhe trouxessem os pães e os peixes, olhou para o céu e abençoou a escassa comida. Depois, tomou o pão e o repartiu em pedaços, e entregou aos discípulos, que se incumbiram de começar a distribuí-los. Todos foram alimentados e ficaram satisfeitos. A sobra de pão ao final da refeição encheu doze cestos.

Os Primeiros Anos

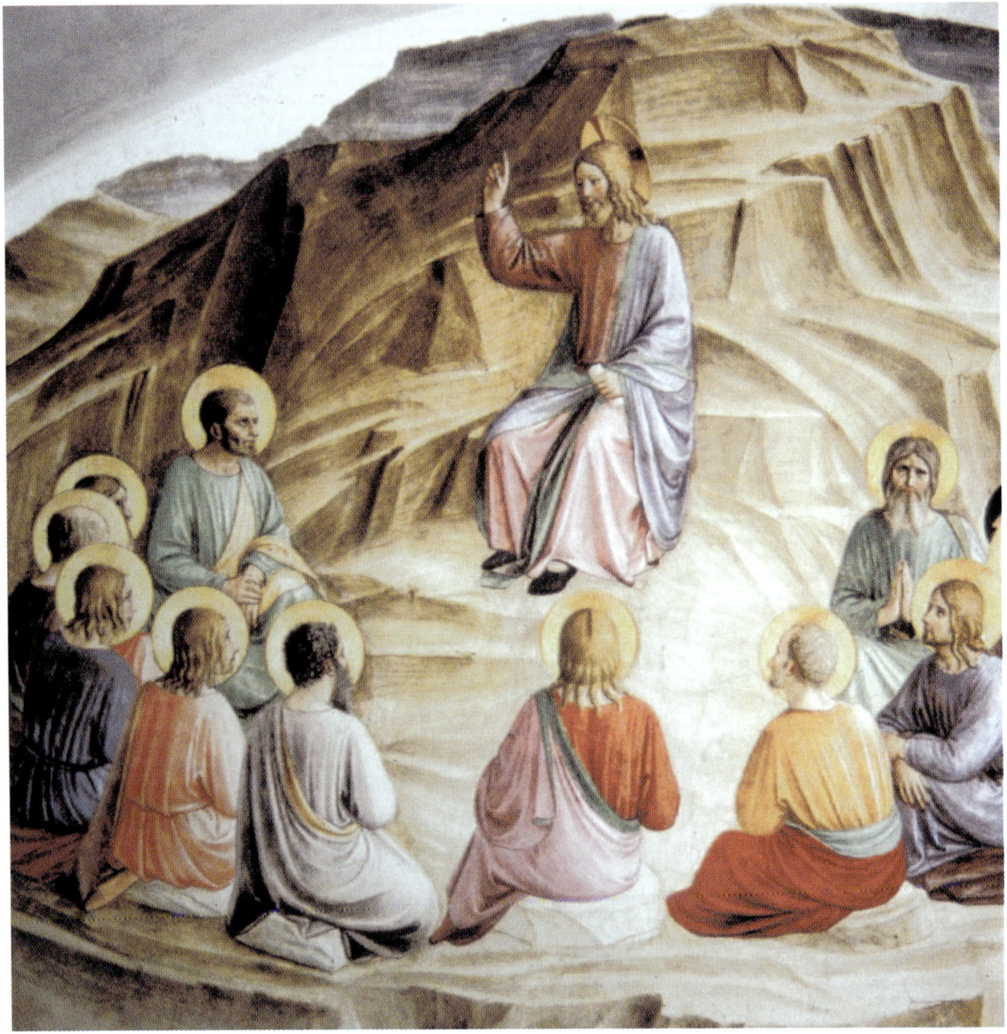

Os Ensinamentos

Durante três anos, Jesus viajou percorrendo todo o interior, pregando o reino de Deus, o amor e a compaixão, e a realidade da vida. Ele ora falava diretamente, ora usava parábolas misteriosas e obscuras; ou, ainda, debatia com os que o confrontavam.

Jesus não conclamava as pessoas a abandonarem seu convívio e seguir para o deserto nas montanhas. Ele as procurava em suas cidades, e se integrava à sua vida cotidiana. Ele fazia uso de histórias e palavras que retratavam fielmente a força e o poder da fé em Deus no presente, ainda nesta vida.

Jesus pregava não só com palavras, mas também com milagres, curas e atos de compaixão. Tratava o corpo e o espírito. Restituiu a visão dos cegos e a saúde dos enfermos, chegando inclusive a ressuscitar mortos. Seus milagres eram um reflexo dos milagres do dia-a-dia, e ele professava a confiança e o amor mútuos.

Seus ensinamentos estavam fundamentados nas Escrituras judaicas – as quais ele amava e conhecia em profundidade. Ele fundamentava sua doutrina em seu próprio entendimento, que era fruto de seu relacionamento divino com Deus.

Pessoas comuns respondiam aos ensinamentos de Jesus e a ele devotavam amor e confiança. Jesus falava a elas sobre sua herança espiritual passando uma conotação de realidade – relacionando-a às suas próprias experiências. Ele as ensinou a não julgarem seus semelhantes, e as conduziu do passado para o momento presente. Ele mostrou a elas, com exemplos retirados de seu dia-a-dia, o caminho para encontrar a paz, a alegria e a felicidade completa.

É possível interpretar os ensinamentos de Jesus de diversas maneiras, pois ele falava em diferentes níveis. Por trás de cada passagem que contava, havia uma lição fácil de se lembrar. Jesus evitava sutilezas e descrições complicadas, ensinando sempre com uma simplicidade irresistível. Ele combinava conceitos profundos e complexos de maneira que fossem facilmente compreendidos. Jesus tocou e conquistou o coração dos homens com uma devoção imperiosa à sua missão.

Os Ensinamentos

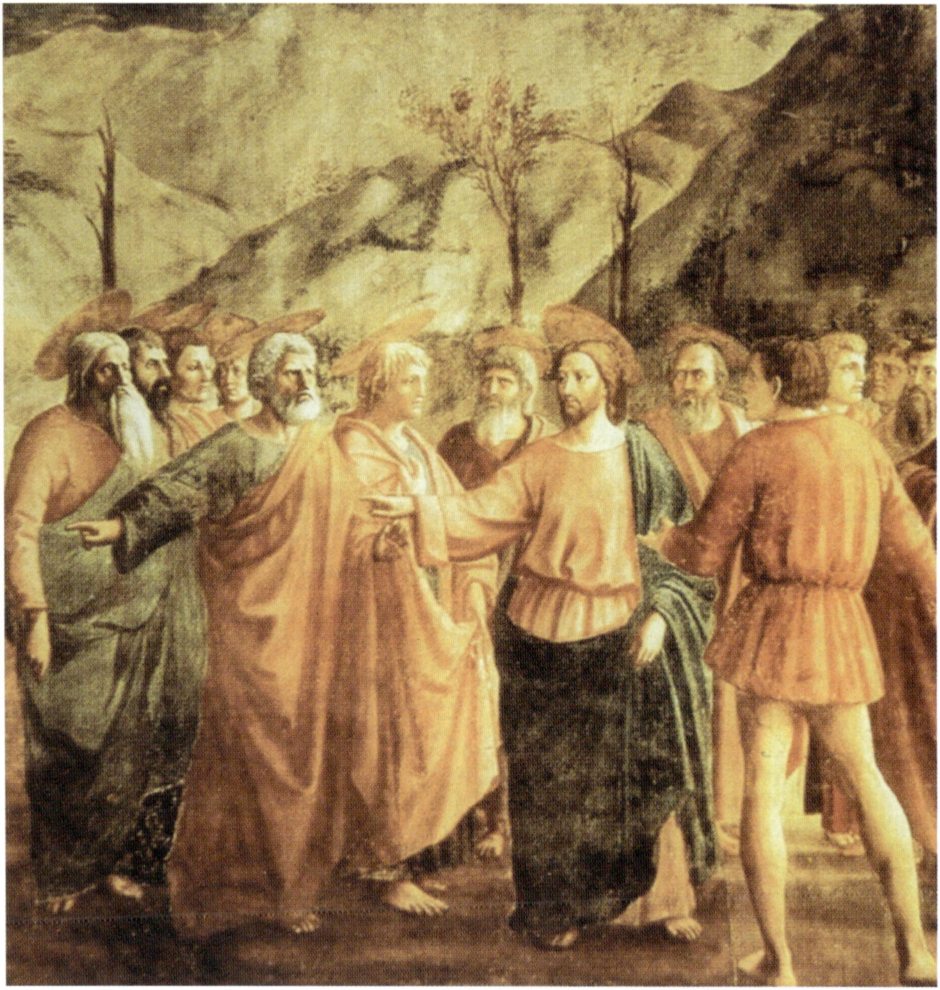

Os Discípulos

No início de suas pregações, homens e mulheres se reuniam para ouvir as palavras de Jesus. Ele chamou alguns deles a abandonar o lar e seguir com ele em suas andanças. Estes se tornaram seus discípulos mais próximos. Qual fosse o sacrifício, ser um discípulo era prioridade. Assim, graças à devoção total, eles puderam assimilar quem de fato ele era. E, estando verdadeiramente imersos em sua presença, puderam testemunhar experiências que deram sentido às ações e às palavras de Jesus.

O termo "discípulo" significa literalmente "aluno" ou "aprendiz". Os discípulos de Jesus eram próximos a ele. Eles o ouviam e o observavam continuamente, o que lhes permitiu aprender empiricamente.

Jesus os ensinava de várias maneiras. Ele amava as Escrituras judaicas e por isso, ao ensiná-las, dava um novo significado às suas palavras. Jesus também nutria um imenso respeito pelos profetas da antiguidade, e encheu suas profecias de energia, dando vida a seus ensinamentos. Ele rezou com seus discípulos enquanto eles penetravam no pulso sagrado da criação. Jesus amava seus discípulos e, graças a esse amor, eles mergulharam num novo entendimento que lhes possibilitou viver com intensidade ainda maior o divino amor do Pai.

Os Mandamentos

Um dia, um doutor da lei interrompeu um discurso de Jesus e perguntou: "Mestre, qual é o maior mandamento da lei?"

E Jesus respondeu: "Amarás o Senhor teu Deus de todo o teu coração, de toda a tua alma e de todo o teu espírito. Este é o primeiro e o maior dos mandamentos. O segundo é: Amarás teu próximo como a ti mesmo. Nesses dois mandamentos se resumem toda a lei e os profetas".

O amor, a essência da doutrina de Jesus, esteve traduzido em todas as palavras e ações do seu ministério. Amor, confiança e dedicação a Deus e a toda criação eram os princípios que norteavam todas as suas ações.

"Se amais somente os que vos amam, que recompensa tereis? Não fazem assim os próprios publicanos? Se saudardes apenas vossos irmãos, que recompensa tereis? Eu porém vos digo: Amai vossos inimigos, fazei bem aos que vos odeiam, orai pelos que vos perseguem. Porque se perdoardes aos homens suas ofensas, vosso Pai Celeste também vos perdoará." O amor é a única saída. O amor sozinho transforma o desejo e a ganância, mas só encontra o amor quem o pratica.

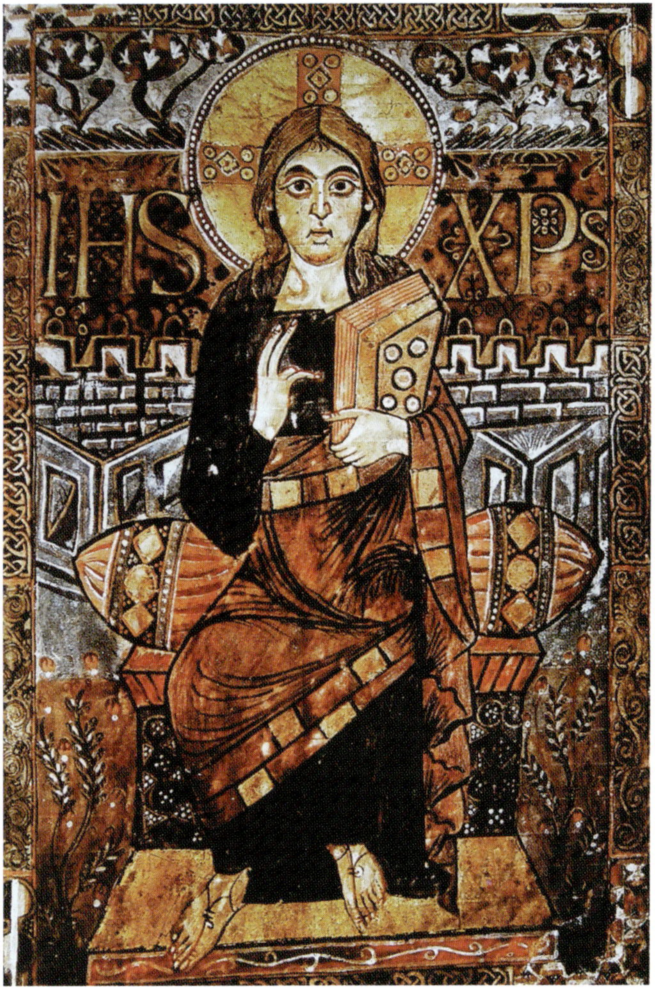
IHS XPS

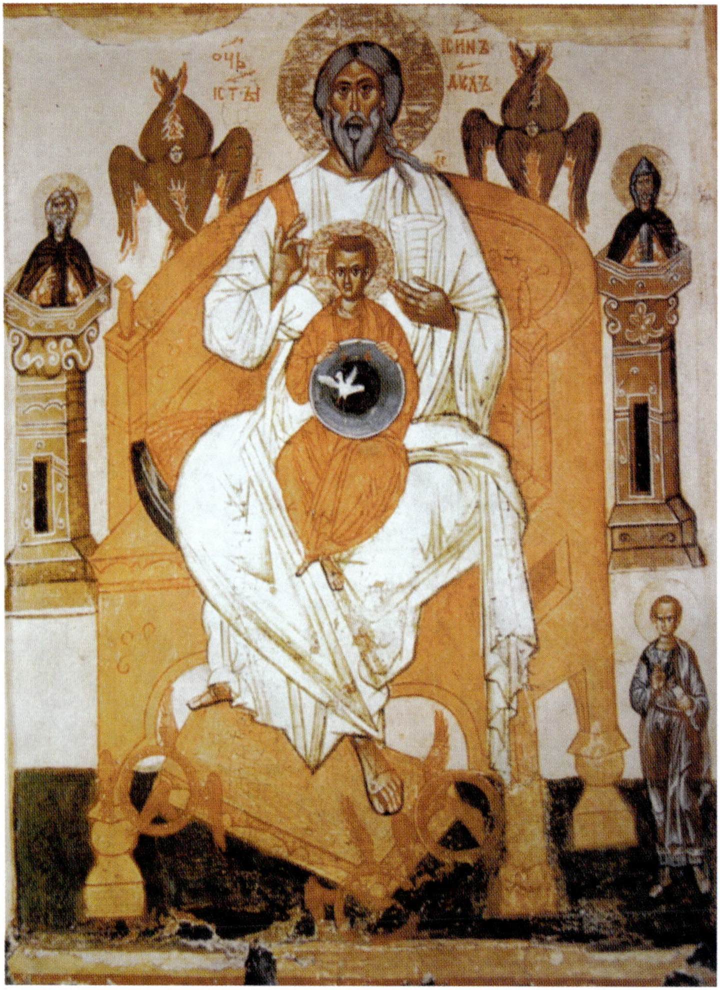

Deus Pai

A concepção de Deus como Pai é fundamental na vida e nos ensinamentos de Jesus; e sua origem remonta às Escrituras dos hebreus, nas quais Deus por vezes é descrito como o Pai do povo de Israel.

Jesus mantinha um relacionamento íntimo e pessoal com Deus. Ele é o Filho. Ao mencionar Deus, o Pai, Jesus costumava usar a palavra *Abba*, termo em aramaico que significa um tipo de intimidade que uma criança tem com os pais. Para Jesus, Deus era o protetor, o juiz imparcial que ama todas as coisas com igual intensidade. "Não se vendem dois pardais por um asse? E, entretanto, nenhum deles passa despercebido diante de Deus."

Jesus se referia a um Pai piedoso e misericordioso. "Ele faz o sol nascer sobre os maus e também sobre os bons, e da mesma forma faz chover sobre os justos e os injustos." Jesus veio nos falar de um Pai onipresente, cuja infinita grandeza ultrapassa a compreensão da mente humana.

O Reino de Deus

Naquele tempo, os fariseus eram um dos muitos grupos religiosos da Palestina. Eles interpretavam as Escrituras de forma a permitir que seu significado pudesse ser aplicado à vida cotidiana, e se tornaram conhecidos por sua paixão pelo debate e por manter vivas as tradições da meditação e da contemplação das Escrituras. Eles acreditavam na ressurreição, nas recompensas futuras e no castigo.

Certo dia, um fariseu perguntou a Jesus quando viria o reino de Deus. Jesus respondeu: "O reino de Deus não virá de um modo ostensivo. Nem se dirá: Ei-lo aqui, ou, Ei-lo ali. Pois o reino de Deus já está no meio de vós".

A questão do reino de Deus foi tema central da mensagem de Jesus. Ele falava de Deus como o Senhor de todas as coisas; e de seu reino, como um estado divino que não se limita nem ao tempo nem ao espaço. E o seu direito de falar em nome do reino de Deus não era infundado. A verdade que ele anunciava era fruto do convívio com o Pai. Ele era o filho de Deus. Jesus havia despertado para um relacionamento único e divino existente entre a alma, o coração humano e Deus.

Os Ensinamentos

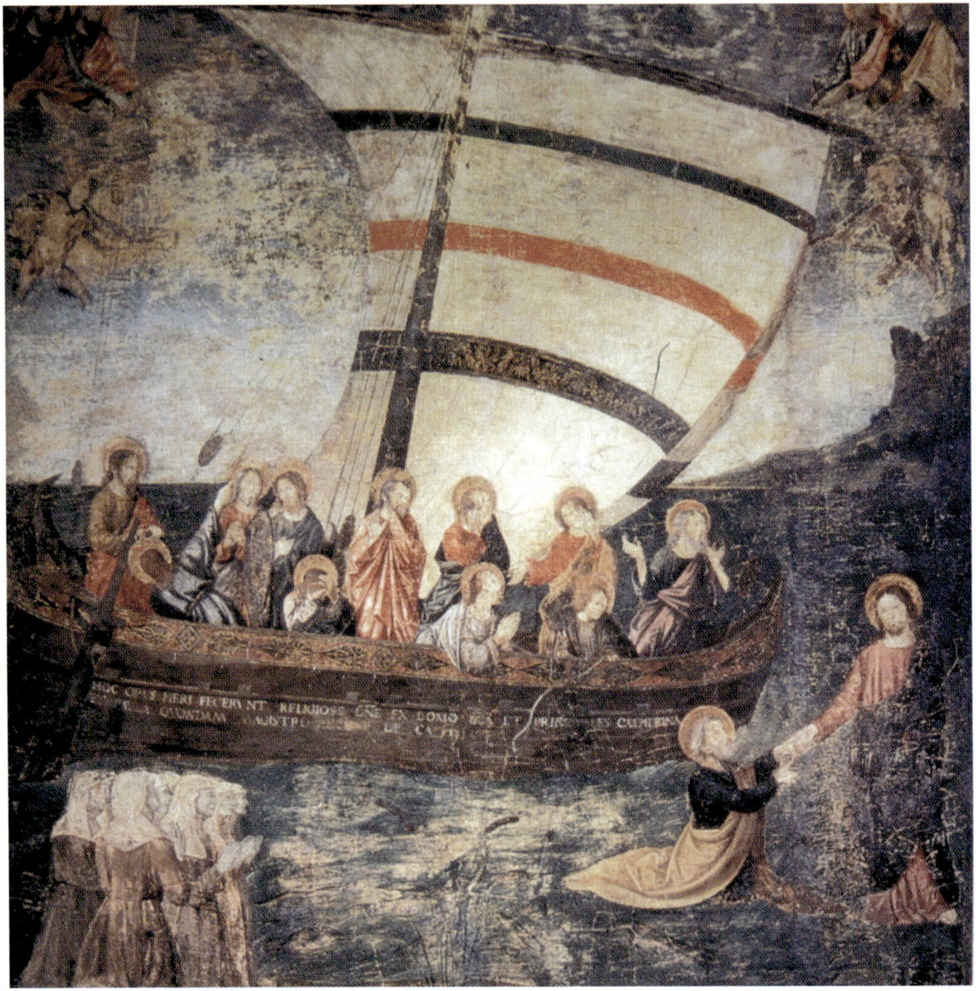

Jesus Caminha Sobre as Águas

O milagre da multiplicação dos peixes, em que Jesus alimenta uma multidão com cinco pães e pouco peixe, deixou o povo em êxtase; e como o milagre foi encarado como sendo uma prova de seus poderes messiânicos, eles então começaram a tratá-lo como rei. Jesus, no entanto, não queria saber de títulos reais, e se afastou daquela euforia, mandando que seus discípulos atravessassem de volta o mar da Galiléia.

Ele subiu a montanha, sozinho, para rezar. Ao descer e constatar que os discípulos ainda estavam no mar, foi ter com eles, caminhando sobre as águas. Ao ver aquilo, os discípulos ficaram assustados e começaram a gritar, pensando ser um fantasma. Então, Jesus lhes falou: "Tranqüilizai-vos, sou eu. Não tenhais medo".

E Pedro disse a ele: "Senhor, se és tu, manda-me ir sobre as águas até junto de ti!" E foi o que Jesus fez, e Pedro deixou o barco e caminhou sobre a água para encontrá-lo. De repente, duvidando do que estava fazendo, Pedro entrou em pânico e vacilou. E ao começar a afundar, suplicou: "Senhor, salva-me!"

Jesus estendeu-lhe a mão, agarrou-o e disse: "Homem de pouca fé, por que duvidaste?"

As Bodas de Caná

Na pequena vila de Caná, próxima a Nazaré, Maria, a mãe de Jesus, foi a um casamento ao qual o filho e os discípulos também tinham sido convidados. A certa altura da festa, Maria alertou Jesus de que o vinho tinha acabado.

"Que queres de mim, mulher? Minha hora ainda não chegou."

Mas Maria se dirigiu aos criados, dizendo: "Fazei tudo o que ele vos disser".

Logo Jesus foi até os criados e mandou que enchessem as seis talhas de água que havia ali, e assim eles o fizeram. Então, ele ordenou que servissem um pouco da água ao encarregado da festa. Eles obedeceram, e o homem, impressionadíssimo com o sabor adocicado da bebida, foi ao noivo cumprimentá-lo pela qualidade do bom vinho.

As palavras de Maria aos criados, "Fazei tudo o que ele vos disser", encerram uma admirável sabedoria, e devem ser lembradas como um chamamento para reconhecer Jesus como o homem cuja atuação como mestre era milagrosa.

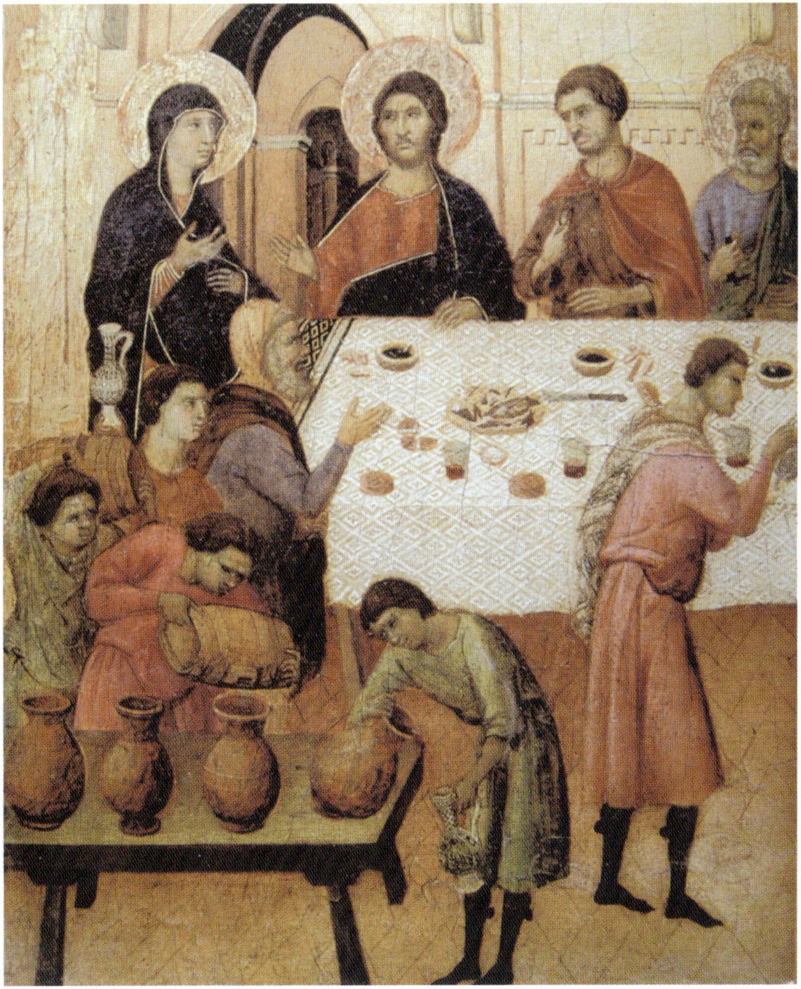

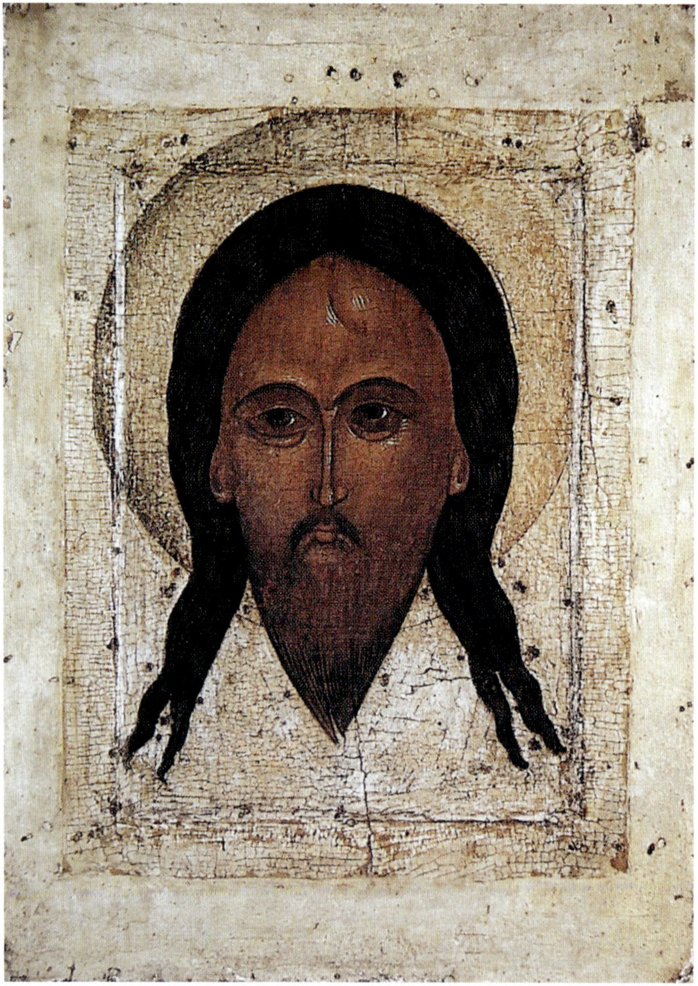

O Sermão da Montanha

Jesus havia passado a noite em oração. Na manhã seguinte, reuniu seus discípulos e lhes falou longamente sobre sua doutrina.

Bem-aventurados os humildes de espírito, porque deles é o reino dos céus!
Bem-aventurados os que choram, porque serão consolados!
Bem-aventurados os que têm sede e fome de justiça, porque serão saciados!
Bem-aventurados os puros de coração, pois verão a Deus!
Bem-aventurados os pacificadores, porque serão chamados filhos de Deus!

E seguiu citando exemplos de como os justos deveriam se comportar. Ele falou de força e de humildade, e sobre a capacidade de distinguir entre o certo e o errado, e entre o verdadeiro e o falso. "Aquele, pois, que ouve estas minhas palavras e as põe em prática é semelhante a um homem prudente que edificou sua casa sobre a rocha. Caiu a chuva, vieram as enchentes, sopraram os ventos e investiram contra aquela casa; ela, porém, não caiu, porque estava edificada sobre a rocha. Mas aquele que ouve as minhas palavras e não as coloca em prática é semelhante a um homem insensato que construiu sua casa sobre a areia. Caiu a chuva, vieram as enchentes, sopraram os ventos contra aquela casa; ela caiu e grande foi a sua ruína."

A Oração

Jesus ensinou os discípulos a rezar: "Quando orardes, não façais como os hipócritas que gostam de orar de pé nas sinagogas e nas esquinas das ruas para serem vistos pelos homens. Em verdade eu vos digo: já receberam sua recompensa. Tu, quando orares, entra no teu quarto, fecha a porta e ora ao teu Pai em segredo; e teu Pai, que vê em lugar oculto, te recompensará. Nas vossas orações não useis de vãs repetições, como os gentios, que serão ouvidos à força das palavras. Não os imiteis, porque vosso Pai sabe o que vos é necessário, antes que vós lho peçais". E então, ele ensinou aos discípulos a seguinte oração:

Pai nosso, que estais no céu,
santificado seja o vosso nome.
Venha a nós o vosso reino,
e seja feita a vossa vontade,
assim na terra como no céu.
O pão nosso de cada dia nos dai hoje.
Perdoai as nossas ofensas,
assim como nós perdoamos a quem nos tenha ofendido.
E não nos deixeis cair em tentação,
mas livrai-nos de todo mal.

Os Ensinamentos

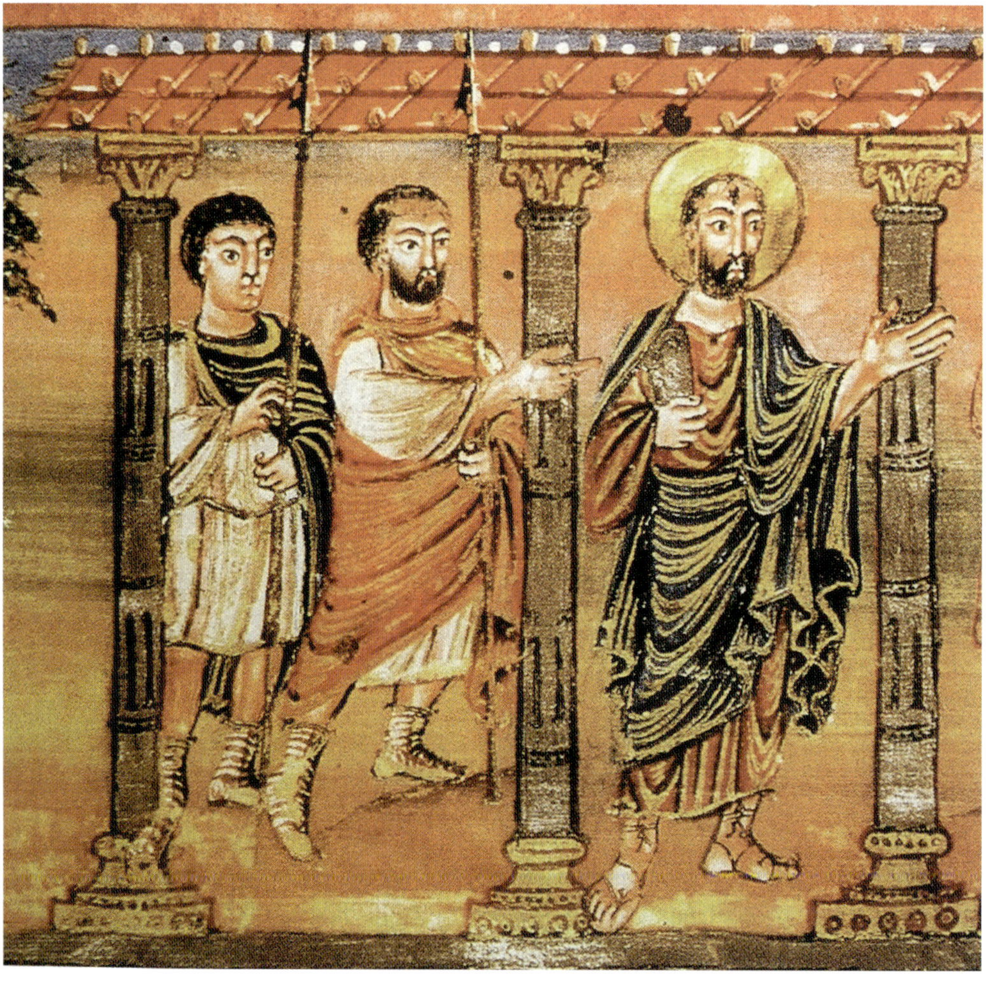

Nicodemus Visita Jesus

À medida que Jesus doutrinava e curava as pessoas do povo, sua fama se espalhava. E logo despertou a atenção do Sinédrio, um corpo formado por pessoas influentes que controlava a vida religiosa da nação. O Grande Sinédrio era composto de um sumo sacerdote, vários sacerdotes líderes, especialistas em legislação e representantes proeminentes de dois grupos, dos Fariseus e dos Saduceus. O governo romano dava autonomia para que o Sinédrio decidisse a maior parte dos assuntos religiosos.

Uma noite, um fariseu chamado Nicodemus, não se sabe se movido pela própria curiosidade ou se a pedido do Sinédrio, procurou Jesus querendo saber mais sobre sua doutrina no tocante ao reino dos céus.

Jesus explicou que falava com base na verdade que ele próprio conhecia, e que ninguém entra no reino de Deus sem antes nascer na carne e renascer no espírito. A luz da verdade brilha neste mundo, mas muitos escolhem viver nas trevas evitando a luz, com medo de que seus pecados sejam revelados. Somente aqueles que vivem na verdade e não temem buscar a luz descobrem que trazem Deus vivo dentro de si.

A Parábola do Semeador

Jesus com freqüência falava por meio de parábolas, usando exemplos de fácil compreensão para explicar sua doutrina. Em uma delas, ele próprio se compara a um semeador.

"Eis que, ao semear, uma parte das sementes caiu à beira do caminho e as aves vieram e as comeram. Outra parte caiu em lugar pedregoso, onde não havia muita terra. Logo brotou, mas como a terra era pouco profunda, ao surgir do sol, os brotos se queimaram e por falta de raízes, secaram. Uma outra parte caiu entre os espinhos, que ao crescerem as abafaram. A última parte, por fim, caiu em terra boa, conseguindo crescer e produzir bons frutos."

Quando Jesus ficou sozinho, os discípulos lhe pediram para explicar o seu significado. Surpreso por eles não a terem entendido, ele explicou: "Aquele que ouve a palavra do reino e não a entende, vem o maligno e arrebata o que foi semeado em seu coração. Esse é o que foi semeado à beira do caminho. O que foi semeado em solo pedregoso, ouve a palavra e a aceita com alegria, mas quando surge uma tribulação, logo sucumbe. O que foi semeado entre os espinhos é aquele cujos pecados do mundo e a cobiça sufocam a palavra, tornando-a infrutífera. O que foi semeado em terra boa, ouve a palavra e a entende, produzindo muitos e bons frutos".

Os Ensinamentos

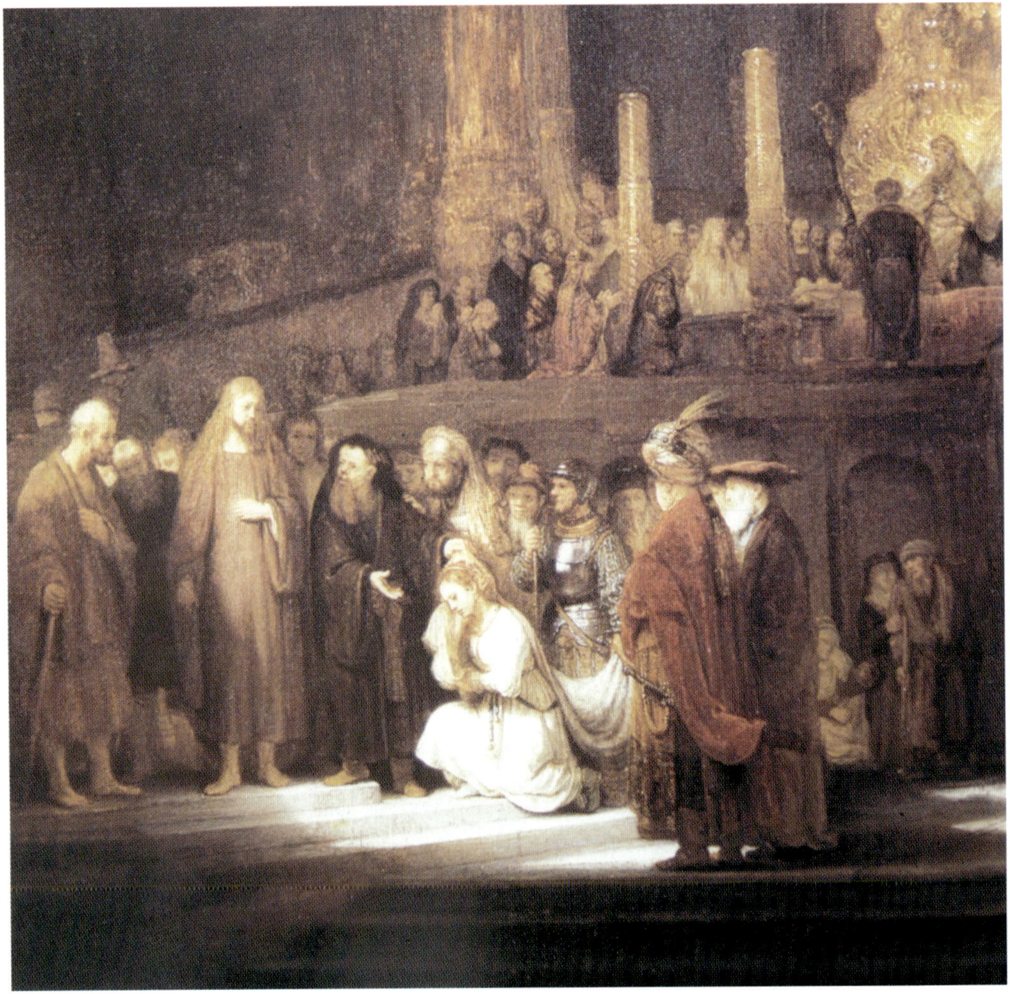

A Mulher Adúltera

Certa manhã, Jesus pregava para a multidão no jardim do Templo, quando alguns escribas e fariseus apareceram arrastando uma mulher, alegando que ela havia cometido adultério; e que, por isso mesmo, deveria morrer apedrejada conforme previsto na lei.

Jesus, no entanto, percebeu que tentavam colocá-lo à prova. Ele então se agachou e começou a escrever no chão com o dedo. Os homens continuaram a pressioná-lo, insistindo que a lei previa a pena de morte. Jesus se levantou, olhou os homens nos olhos e disse: "Quem dentre vós estiver sem pecado, que seja o primeiro a lhe atirar uma pedra". Então, inclinou-se outra vez, e continuou a escrever no chão. Um a um os homens foram saindo, até que restassem somente Jesus e a mulher.

"Mulher, onde estão eles? Ninguém te condenou?", perguntou Jesus ao se erguer.

"Ninguém, Senhor", respondeu ela.

"Nem eu te condeno. Vai, e de agora em diante não peques mais."

A Casa do Fariseu

Jesus foi convidado para jantar na casa de um fariseu. Ao saber de sua presença, uma moradora da cidade foi até lá levando um frasco de alabastro com ungüento. Ela lavou os pés de Jesus com suas próprias lágrimas, e depois os secou usando os cabelos. Então, beijou os pés de Jesus e lhes aplicou o ungüento. O fariseu estranhou, pois a mulher era uma reconhecida pecadora; e para ele, se Jesus fosse mesmo um profeta, certamente saberia que tipo de pessoa era ela. Ao captar o que o fariseu estava pensando, Jesus olhou para ele e disse: "Um credor tinha dois devedores: um lhe devia quinhentos denários, e o outro, cinqüenta. Como não tivessem com o que pagar, perdoou a ambos. Qual dos dois o amará mais?"

"Vês esta mulher? Entrei em tua casa e ti não me derramaste água nos pés; mas esta mulher regou-me os pés com água e secou-os com os cabelos... Por essa razão eu te digo, seus numerosos pecados estão perdoados." Depois, voltando-se para mulher, ele completou: "Tua fé te salvou, vai em paz".

Os homens sentados à mesa do fariseu se entreolharam intrigados, "Quem é este que até perdoa pecados?"

Os Ensinamentos

O PEQUENO LIVRO DE JESUS

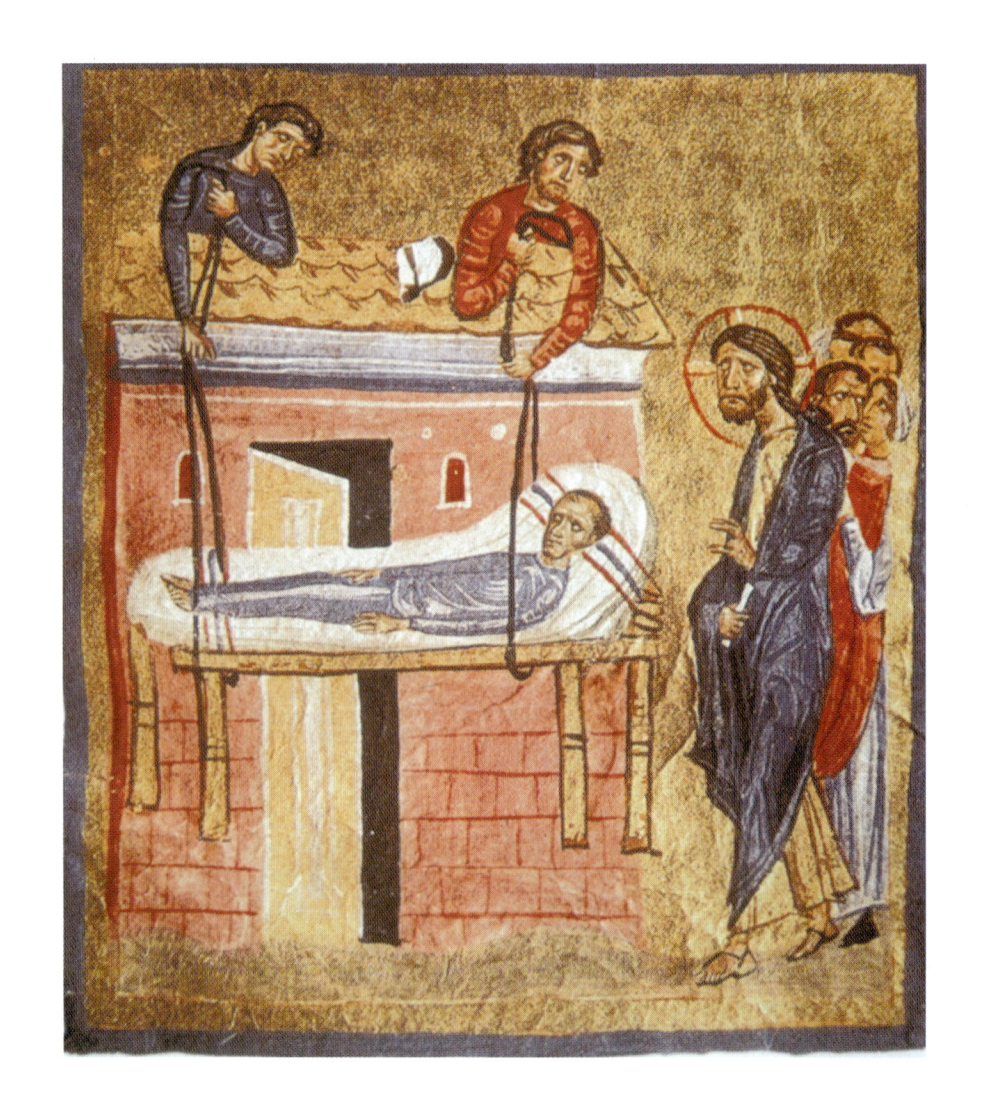

As Curas Milagrosas

Além de pregar, Jesus também fazia curas físicas e espirituais, pelo toque das mãos. As diversas passagens narradas nos Evangelhos ficaram marcadas por sua imensa compaixão para com os aflitos com a dor, fosse ela moral, espiritual ou física. Ele entendia que o mistério do sofrimento estava arraigado na existência humana, sendo inseparável do pecado e do afastamento de Deus.

Em uma ocasião, ele disse: "Os cegos recuperam a visão, os coxos andam, os leprosos são purificados, os surdos ouvem, os mortos ressuscitam, e os pobres são evangelizados. Felizes aqueles que não acham em mim motivo de tropeço".

Certo dia, um homem levou um amigo paralítico até Jesus. E como este não conseguisse entrar, eles o ergueram por sobre o telhado da casa onde Jesus estava pregando, e o içaram com cordas até colocá-lo aos pés de Jesus. A multidão, já espantada com a cena, estranhou ainda mais quando Jesus lhe perdoou os pecados. Os doutores em religião ali presentes o acusaram de blasfêmia, alegando que somente Deus poderia perdoar os pecados de alguém. Jesus perguntou a eles: "O que é mais fácil, perdoar seus pecados ou curá-lo?" A seguir, mandou que o rapaz se levantasse e andasse; e assim foi feito.

A Samaritana

Jesus viajava com seus discípulos pela Samaria, região que a maioria dos judeus evitava visitar, já que não mantinham um bom relacionamento com os samaritanos. Estando próximo à cidade de Sicar e abatido pelo calor, Jesus mandou que os discípulos se adiantassem para comprar comida, e se sentou junto a um poço para descansar. Com sede, ele pediu água para uma mulher que se aproximara; esta, no entanto, reagiu com surpresa, querendo saber como um judeu ousava se dirigir a uma samaritana.

Jesus respondeu que, se ela soubesse quem ele era, seria ela a lhe pedir água viva. Ela perguntou como ele conseguiria a tal água viva sem um balde. E ele explicou que a água viva era a possibilidade de uma nova vida para o espírito e que levaria à vida eterna. A mulher pediu que ele lhe desse um pouco, e Jesus, então, mandou que ela fosse chamar o marido. A samaritana respondeu que não era casada, e Jesus disse que ela não estava casada no momento, mas que no passado tivera cinco maridos.

Intrigada com o tanto que ele sabia sobre sua vida, ela lhe perguntou onde deveria louvar a Deus, se em Jerusalém, como diziam os judeus, ou se ali mesmo no monte Gerezim, como acreditavam os samaritanos. Jesus explicou a ela que o importante não é onde louvar a Deus, e sim como Ele seria louvado.

Os Ensinamentos

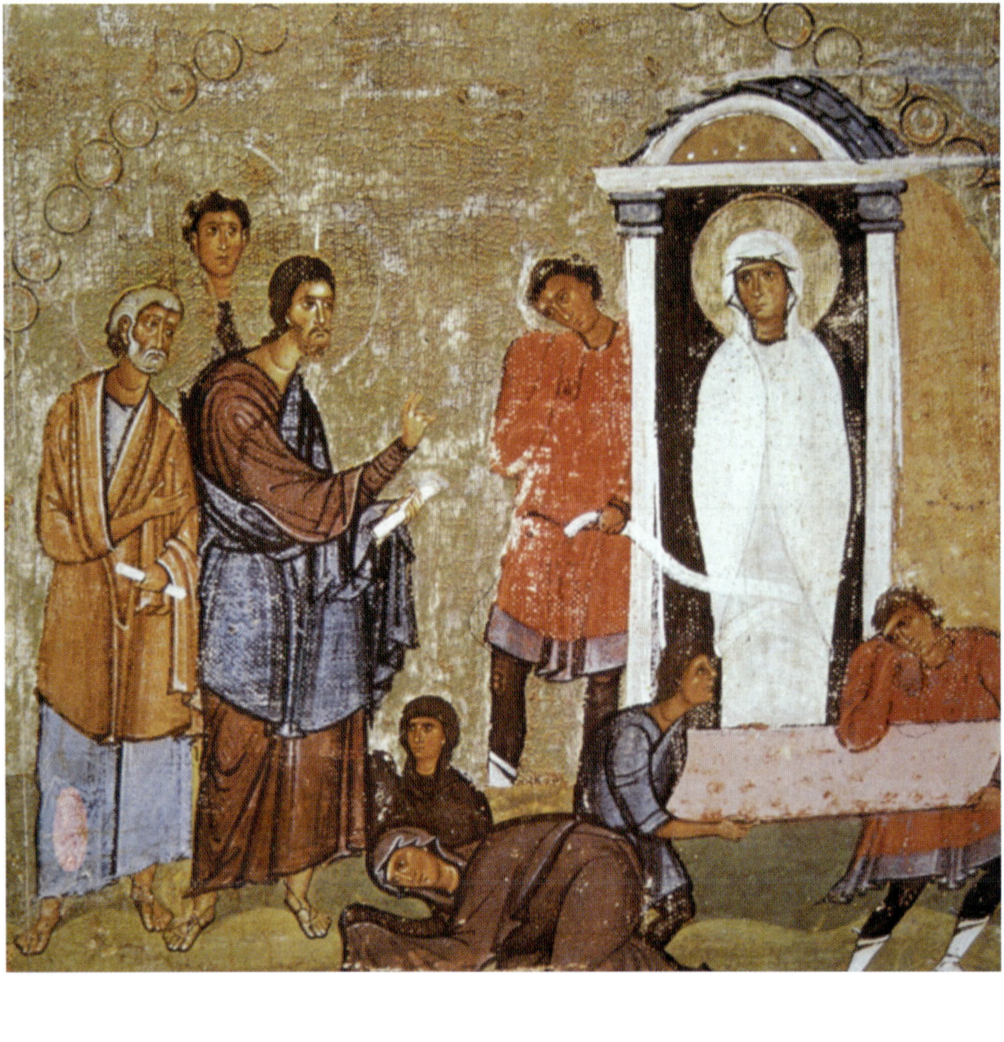

Lázaro

Com o acirramento da oposição a ele, Jesus se mudou para uma cidade ao leste do rio Jordão. Quando soube que seu amigo Lázaro estava enfermo, Jesus foi visitá-lo na Betânia. Mas, ao chegar, Lázaro já havia falecido fazia quatro dias. Lastimoso, Jesus tentou, em vão, confortar o sofrimento das irmãs do rapaz. E, então, pediu para ser levado até o sepulcro do amigo. Lá, mandou que removessem a pedra da entrada e gritou: "Lázaro, vem para fora!" E para o espanto da multidão que ali estava, o rapaz envolto em faixas caminhou até ele.

Na mesma hora, um grupo de pessoas se dirigiu a Jerusalém para relatar o milagre da ressurreição de Lázaro ao Sinédrio. Preocupados, por reconhecer que o povo estava cada vez mais convencido de que Jesus era mesmo o Messias, o Conselho se reuniu e se decidiu pela morte de Jesus, o mais rápido possível. Alguns de seus membros temiam que os romanos viessem a destruir a nação judaica, para coibir seu poder. Caifás, o sumo sacerdote, justificou assim a situação: "Não compreendeis que é de vosso interesse que só um homem morra pelo povo, para não perecer uma nação inteira?"

A Transfiguração

Jesus levou Pedro, Tiago e João ao topo de uma alta montanha, onde ficaram a sós. Então, ajoelhou-se e começou a orar, transformando-se em luz e ofuscando a visão dos três discípulos.

Os três presenciaram a transfiguração de Jesus, que passou a irradiar um brilho intenso. Logo, apareceram a seu lado outros dois homens – Moisés e Elias –, igualmente repletos de luz, simbolizando a lei e os profetas da história de Israel. As três figuras luminosas trataram sobre a morte iminente de Jesus em Jerusalém.

De repente, eles foram envolvidos por uma nuvem, da qual se ouviu dizer: "Este é o meu filho amado, o Eleito, ouvi-o!" Assim como tinham aparecido, Moisés e Elias desapareceram num piscar de olhos e Jesus voltou a ficar sozinho diante dos discípulos.

Quando desciam a montanha, Jesus os instruiu para que não revelassem o acontecido até que ele voltasse dos mortos. Eles então guardaram segredo sem compreender ao certo o que significava "voltar dos mortos".

Os Ensinamentos

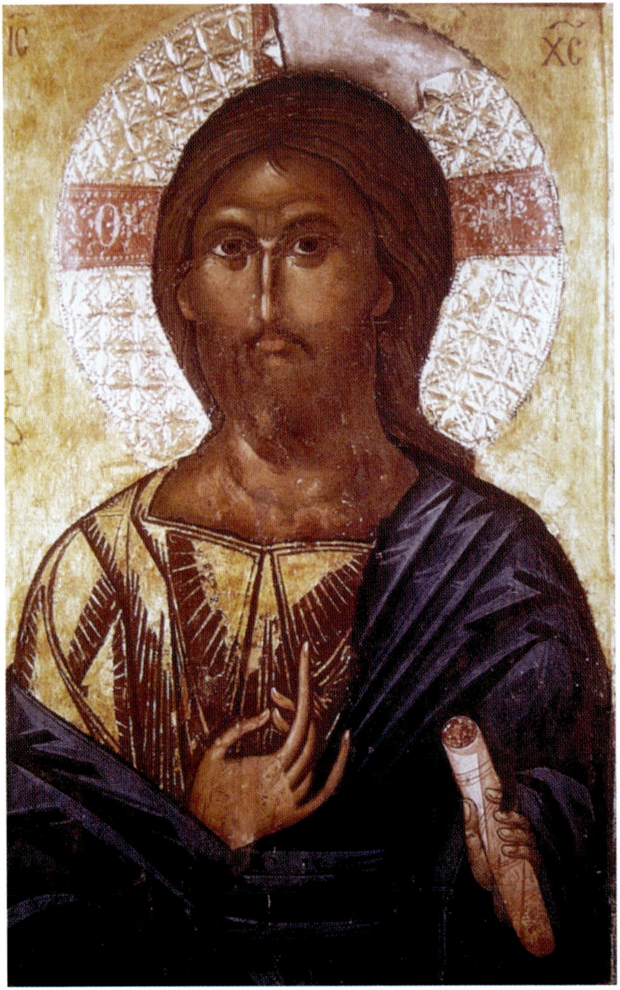
IC
XC

Primeiro Anúncio da Paixão

Com o agravamento dos problemas com as autoridades, Jesus explicou aos discípulos que precisava ir a Jerusalém, onde por obra dos anciãos, dos chefes dos sacerdotes e dos romanos passaria por grande sofrimento. Disse ainda que seria morto e que ressuscitaria ao terceiro dia.

Pedro o chamou em particular e o confrontou: "Deus não o permita, Senhor! Isso jamais acontecerá!"

Jesus pediu que Pedro entendesse o profundo significado das coisas, ou abalaria seus ensinamentos. Então, disse aos discípulos: "Se alguém quer vir após mim, negue-se a si mesmo, tome a sua cruz e me siga. Pois aquele que quiser salvar sua vida, irá perdê-la, mas o que perder sua vida por causa de mim, irá encontrá-la. De fato, que aproveitará o homem se ganhar o mundo inteiro, mas arruinar sua vida? Ou que poderá o homem dar em troca de sua vida?"

"O Filho do Homem há de vir na glória do seu Pai. Em verdade vos digo, alguns dos que aqui estão não provarão a morte até que vejam o Filho do Homem em seu reino".

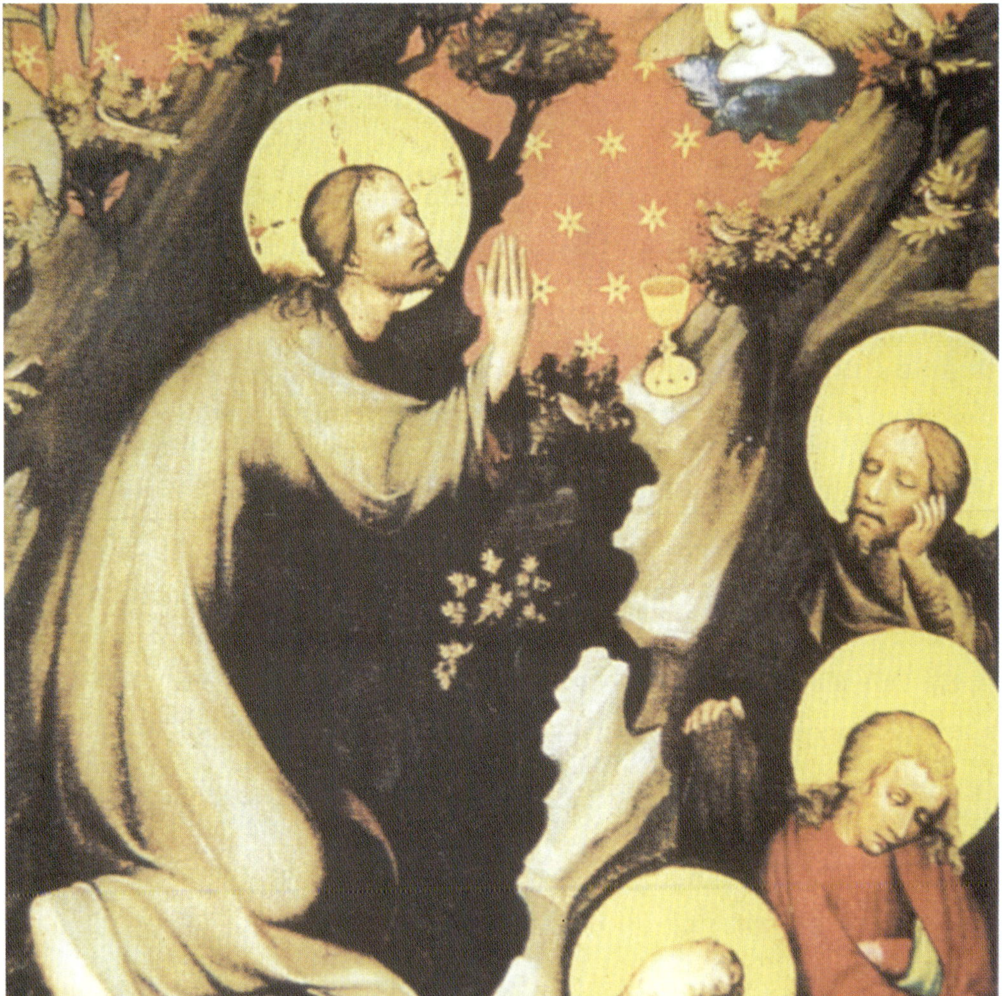

Os Últimos Dias

As histórias sobre os últimos dias de vida de Jesus são conhecidas coletivamente como "A Paixão". Os detalhes sobre os acontecimentos repletos com grande complexidade histórica e espiritual ficaram gravados em nosso inconsciente coletivo. Em meio a essas histórias, encontram-se todos os tópicos que tornaram a vida de Jesus tão extraordinária – seu relacionamento único com o Deus Pai, a simplicidade de seus ensinamentos e sua vocação para entrar no reino dos céus. Os acontecimentos de seus últimos dias constituem um grande mistério, impossível de ser entendido somente pela razão, e que representa um dos grandes paradoxos da vida espiritual.

Muitas tradições professam que é necessário morrer para renascer no paraíso. Da mesma forma, todos os que se aventuram a adentrar o mundo interior sabem que para nos conhecermos de verdade precisamos entrar no reino da vida eterna. A vida verdadeira só se torna conhecida no presente por meio de um processo que inclui a morte do ego e a percepção da realidade imediata. Esse estado quase sempre está relacionado ao despertar, e a crucificação de Jesus marca sua própria última chamada para o reino absoluto de Deus.

Nas primeiras obras sacras, Jesus era freqüentemente representado por um cordeiro, símbolo esse cuja provável origem seja o cordeiro da tradicional Páscoa judaica. O Evangelho de João descreve Jesus como o "cordeiro" que tira o pecado do mundo, e se refere à crucificação fazendo um paralelo entre a cerimônia de sacrifício do cordeiro da ceia pascal.

O sacrifício sempre foi tema central do crescimento espiritual, no qual a vida temporal plena de sofrimento se transforma na possibilidade da vida eterna. Da mesma forma que, por meio das refeições, transformamos o alimento em energia, o cordeiro sacrificado é um símbolo do nosso anseio em transformarmos a nós mesmos.

Os acontecimentos dos últimos dias da vida de Jesus dão base a um exemplo poderoso de transformação e aceitação extrema da vontade de Deus. Traição, confusão, medo e incompreensão são elementos indispensáveis. É preciso lidar com certas qualidades durante nosso próprio crescimento e transformação. Todos os episódios das histórias relatadas nas páginas a seguir permanecem vivos em cada um de nós. Os personagens envolvidos na Paixão podem ser encarados como diferentes aspectos de nós mesmos. A grande tentação da condição humana é adormecer, tal qual muitos dos discípulos de Jesus costumavam fazer, deixando passar a beleza do momento.

Os Últimos Dias

O PEQUENO LIVRO DE JESUS

A Entrada Triunfal em Jerusalém

O Evangelho não especifica a duração do ministério de Jesus na Galiléia. Entretanto, com base nos detalhes apresentados, estima-se que ele tenha durado um ano. O Evangelho fornece também diversos relatos sobre o período em que Jesus e seus discípulos viajaram até Jerusalém, mas em todos eles é possível encontrar referências sombrias diante da profecia da Paixão. Jesus revelou aos discípulos que seria entregue aos inimigos e condenado à morte. Segundo ele, antes de morrer, ele seria ridicularizado, açoitado e cuspido na face; e se levantaria dos mortos, no terceiro dia.

Jesus visitou a Betânia pouco depois do milagre da ressurreição de Lázaro. Ele decidira ir a Jerusalém para os festejos na semana anterior à Páscoa, e para tanto, pediu a dois de seus discípulos que lhe trouxessem um jumento. Jesus montado e os discípulos a pé percorreram o curto percurso até a cidade, sendo recebidos com um entusiasmo crescente pelo povo, que os saudou com alegria. Peças de roupa e galhos de palmeiras iam sendo deitados pelo caminho onde Jesus passaria, para homenageá-lo. E em coro todos saudavam: "Hosana ao Filho de Davi! Bendito o que vem em nome do Senhor. Hosana no mais alto dos céus!"

Jesus Purifica o Templo

Pouco depois de sua chegada em Jerusalém, um conflito com as autoridades desencadeou uma série de acontecimentos que culminariam com a morte de Jesus. Como condenava as práticas corruptas de certos sacerdotes, ele passou a atacar a comercialização do chamado sistema sacrificial.

Ao andar pelos jardins do Templo sagrado, Jesus notou que o local havia sido transformado em ponto de comércio. Os sacerdotes exigiam que o "dinheiro do Templo", criado por eles, fosse a única moeda corrente naquelas dependências, e lucravam bastante com a taxa de câmbio cobrada. E mais, determinavam que os animais ofertados em sacrifício fossem necessariamente comprados no Templo, e para tal, estabeleceram uma tabela de preços.

Jesus ficou tão indignado com a quantidade de animais, cambistas e peregrinos que abarrotavam o Templo, que derrubou a mesa dos cambistas e as cadeiras dos que vendiam pombas. Com voz firme, ele lembrou as Escrituras: "A minha casa é uma casa de oração – porém vocês a transformaram num covil de ladrões".

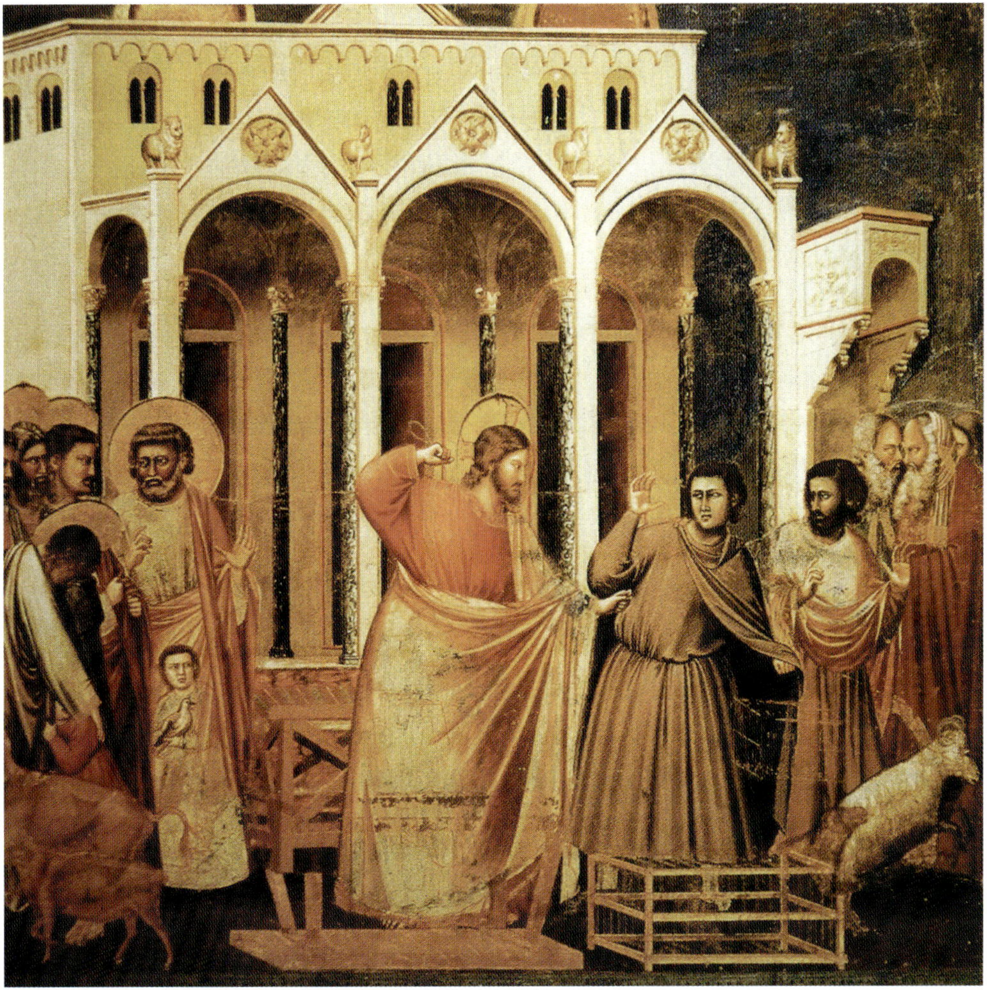

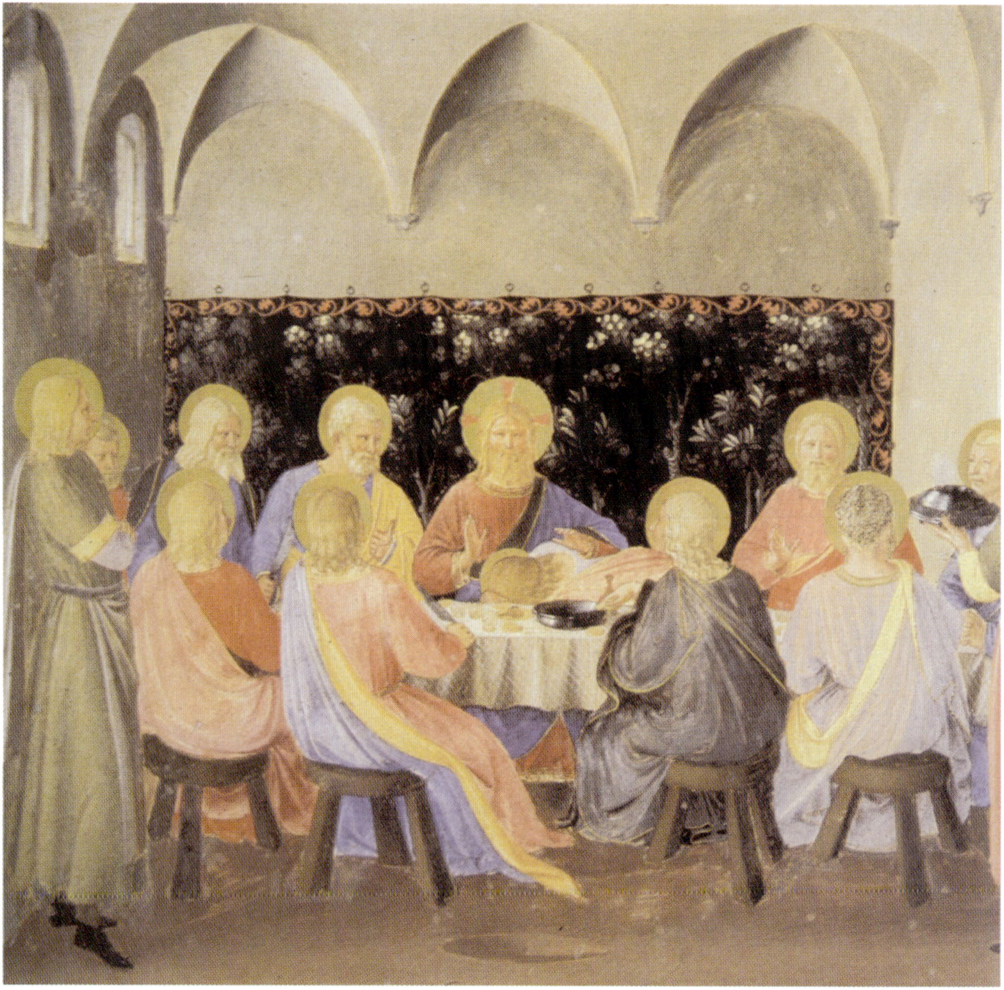

A Última Ceia

Como estivesse sempre rodeado de grandes multidões, Jesus providenciou para celebrar a ceia pascal em local reservado, acompanhado apenas de seus discípulos. Ele e os outros aproveitaram a agitação da festa para entrar discretamente no cômodo. Os festejos da Páscoa marcavam a celebração da fuga dos hebreus do Egito, e a ceia começava com o pão sendo repartido.

No ponto alto da refeição, Jesus se excedeu à tradição do ritual pascal e tomou o pão, deu graças, partiu-o e o distribuiu aos discípulos, dizendo: "Tomai e comei. Este é o meu corpo".

A seguir, ele tomou um cálice de vinho, deu graças e o ofereceu aos demais, dizendo: "Bebei dele todos, pois este é o meu sangue, o sangue da Aliança, derramado por muitos para a remissão dos pecados. Eu vos digo: desde agora não beberei deste fruto da videira até aquele dia em que convosco beberei o vinho novo no reino do meu Pai".

Ansiosos com a perspectiva de se tornarem líderes no novo reino, os discípulos começaram a discutir sobre quem se tornaria o mais importante. Jesus os repreendeu afirmando que como seu reino era completamente diferente dos reinos mundanos, o líder entre eles seria o mais humilde de todos.

O Lava-pés

Mais tarde, naquela mesma noite, Jesus tirou o manto e amarrou uma toalha à cintura. A seguir, ele colocou água em uma bacia e começou a lavar os pés dos discípulos. Ao chegar a sua vez, Pedro se mostrou contrariado ao ver Jesus em posição tão humilde. Jesus explicou que métodos de ensino por vezes surpreendem, e um discípulo, ainda que sem compreender, deve estar sempre aberto aos ensinamentos do mestre.

Depois de lavar os pés de todos, Jesus se sentou e disse aos discípulos: "Assim como lavei vossos pés, vós também deveis lavar os pés uns dos outros. Lembrai-vos, o servo não vale mais que seu senhor, e nem ele será maior do que aquele que o enviou". E continuou dizendo que estaria sempre entre eles, embora indicasse que partiria em breve. Pedro perguntou aonde ele iria, e completou: "Eu te seguirei aonde fores. Devotarei a minha vida a ti".

Jesus comentou baixinho que todos os seus seguidores o abandonariam, e disse a Pedro: "Antes que o galo da manhã cante, terás me renegado três vezes".

Os Últimos Dias

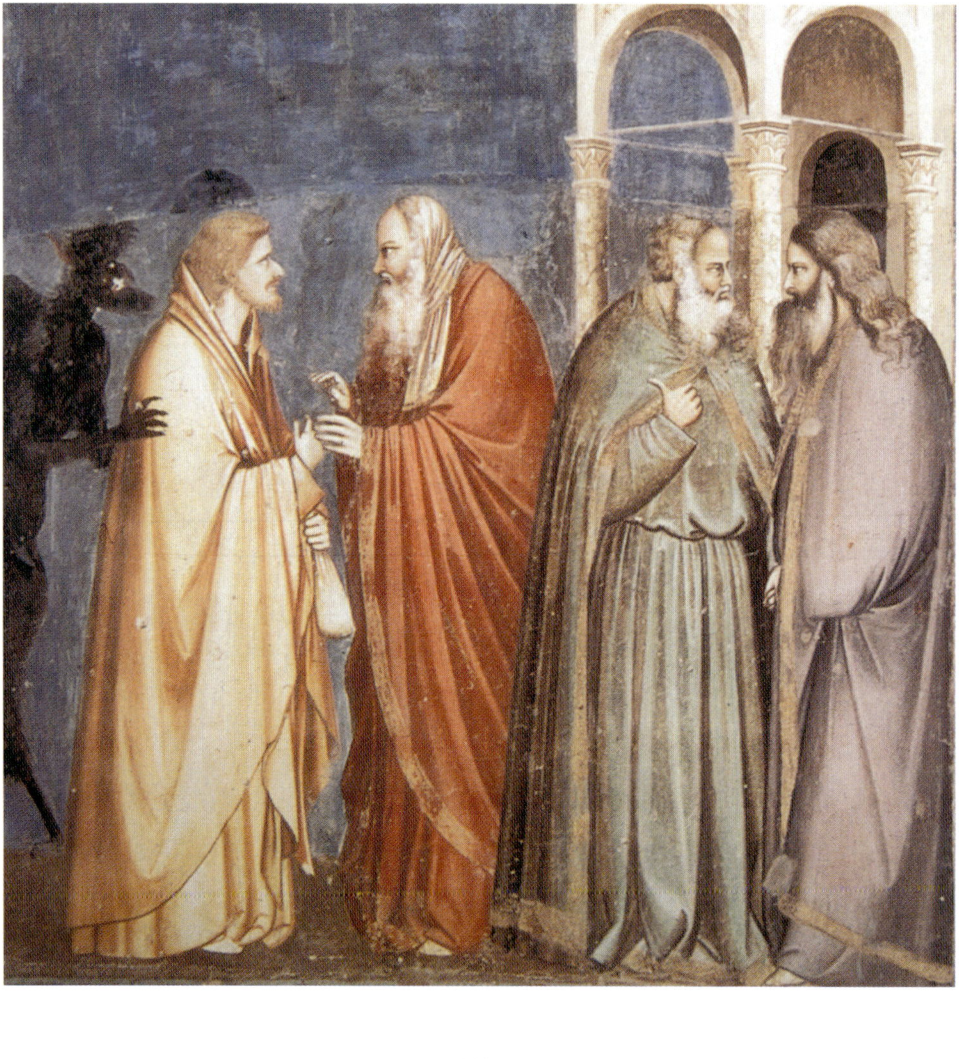

Judas Escariotes

Um dos discípulos haveria de trair Jesus ainda naquela noite. Como sua devoção havia virado amargura, Judas Escariotes se vendeu por trinta moedas de prata. Jesus sabia das intenções escusas do discípulo, e a certa altura da ceia disse a Judas que fosse adiante e fizesse o que pretendia fazer. Os demais pensaram que Jesus se referia ao cumprimento de uma missão corriqueira, mas, na verdade, Judas havia feito um trato com as autoridades, comprometendo-se a indicar o momento certo para prender Jesus.

Poucos dias depois, arrependido de seus atos, Judas procuraria os anciãos para devolver o dinheiro que tinha recebido, dizendo: "Eu pequei. Eu traí o sangue inocente". Mas eles se negaram a recebê-lo de volta.

Diz-se então que Judas atirou longe as moedas de prata e se enforcou. Os sacerdotes teriam recolhido as moedas, e como não tivessem a intenção de devolvê-las aos cofres, por se tratar de dinheiro manchado de sangue, foi comprado um terreno para sepultar forasteiros. O nome deste local ficaria conhecido mais tarde como Aceldama, termo em hebraico que significa Campo de Sangue.

Agonia no Jardim

Jesus e os onze discípulos restantes entoaram um hino antes de partir em meio à penumbra para o monte das Oliveiras, perto dali. Na metade do caminho, eles pararam num local tranqüilo conhecido como o Jardim de Getsêmani. Jesus pediu a oito dos discípulos que permanecessem junto à entrada, e avançou no jardim levando consigo Pedro, Tiago e João. Jesus pediu a eles que vigiassem e orassem enquanto ele se recolhia a sós em um local mais reservado, alegando que seu coração estava banhado de tristeza. "Ficai aqui e vigiai comigo", disse ele, e então seguiu para o interior do jardim e se lançou ao chão para orar. Lá ele lutou contra a própria vontade e contra a vontade de Deus, certamente temendo pela iminência de sua morte. "Meu Pai, se é possível, passe de mim esse cálice; contudo, não seja como eu quero, mas como tu queres."

Passado um tempo, Jesus voltou e encontrou os três discípulos dormindo um sono profundo. Ele os acordou e os repreendeu, e insistiu que ficassem acordados enquanto ele voltava a orar. Nas duas outras vezes em que Jesus foi ver os discípulos, eles continuavam a dormir. Por fim, mandou então que dormissem, ciente de que a hora decisiva estava em curso. "O Filho do homem está sendo entregue nas mãos de pecadores."

Os Últimos Dias

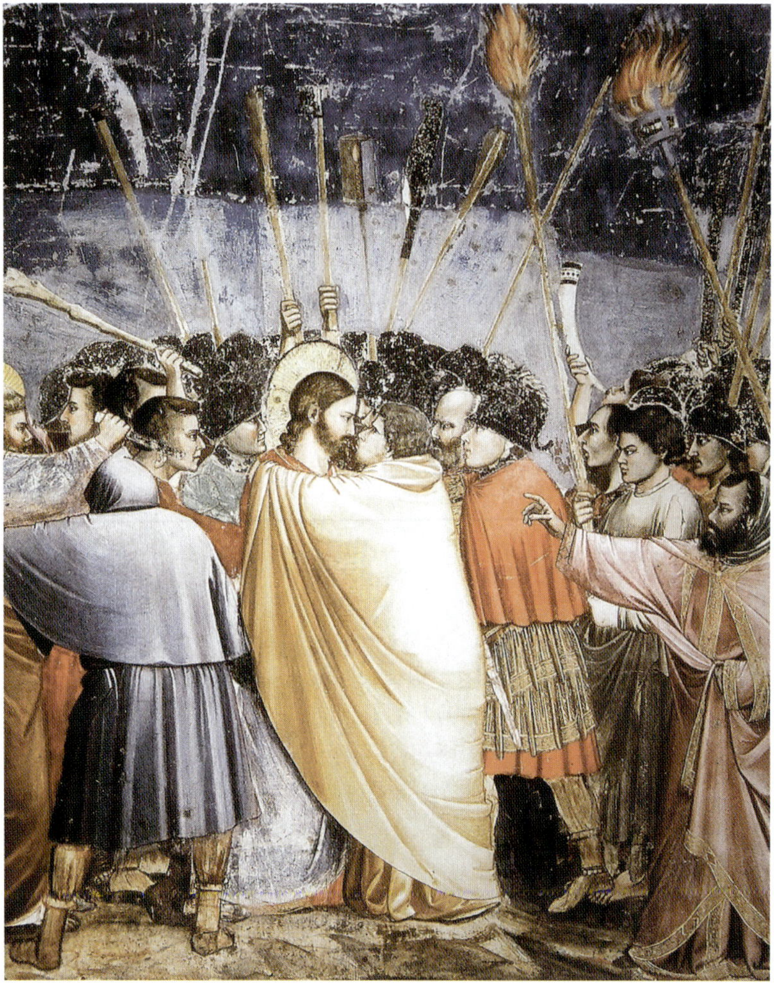

A Traição e a Prisão

Jesus tinha acatado a vontade divina e, marcado pela dignidade e santidade que sua missão exigia, não vacilou nem deu qualquer demonstração de fraqueza. De pé lá no alto enquanto ordenava aos seus discípulos que descansassem, ele pôde ver as luzes que crepitavam lá embaixo no vale, subindo a montanha em direção ao jardim. Judas cumprira seu trato com as autoridades religiosas, e liderava os soldados até Jesus, justamente no momento em que o povo não se levantaria em sua defesa.

Judas foi direto até Jesus, segurou-o entre os braços e lhe beijou a face. Esse era o sinal combinado que identificaria Jesus em meio à escuridão. Jesus, porém, lhe disse: "Judas, com um beijo entregas o Filho do homem?"

Quando os guardas prenderam Jesus, Pedro desembainhou uma pequena espada que carregava tentando proteger o mestre, arrancando fora um pedaço da orelha do servo do sumo sacerdote. Jesus se abaixou e recolheu o pedaço da orelha do chão e o colocou de volta na cabeça do rapaz, que ficou imediatamente curado. Todos se detiveram por uns instantes. Então, os guardas seguiram em frente, levando Jesus, enquanto os discípulos desapareciam na escuridão.

Pedro Nega a Jesus

Anás tinha sido nomeado sumo sacerdote pelos hebreus, mas fora deposto pelas autoridades romanas. Todavia, como os hebreus não reconheciam sua deposição, seus cinco filhos naturais e mais um filho adotivo dele, Caifás, com o tempo acabariam por se tornar também sacerdotes. Caifás era quem estava no comando quando Jesus foi preso. Os guardas do Templo a princípio levaram Jesus para a casa de Anás, onde aconteceu uma audiência preliminar; e só então ele foi levado à casa de Caifás, onde o Sinédrio aguardava reunido.

Pedro seguira Jesus escondendo-se nas sombras, no trajeto até as duas casas, de Anás e de Caifás. E um conhecido seu permitiu que ele entrasse no jardim da casa do sumo sacerdote. Quando lhe abriram a porta, perguntaram-lhe casualmente se ele era um discípulo de Jesus. Pedro negou. Ele entrou na casa e foi se aquecer junto ao fogo, e ao ser novamente interpelado, tornou a negar. Então, um parente do soldado de quem uma hora antes ele havia cortado a orelha se levantou e olhou bem para ele e perguntou: "Não foste tu que eu vi com Jesus lá no jardim há pouco?" Sob os olhares atentos de todos, Pedro negou conhecer Jesus pela terceira vez consecutiva. Naquele momento, Jesus era conduzido para fora da casa. Ele se virou para olhar Pedro, enquanto o galo cantava ao amanhecer. Pedro deixou a casa aos prantos.

Os Últimos Dias

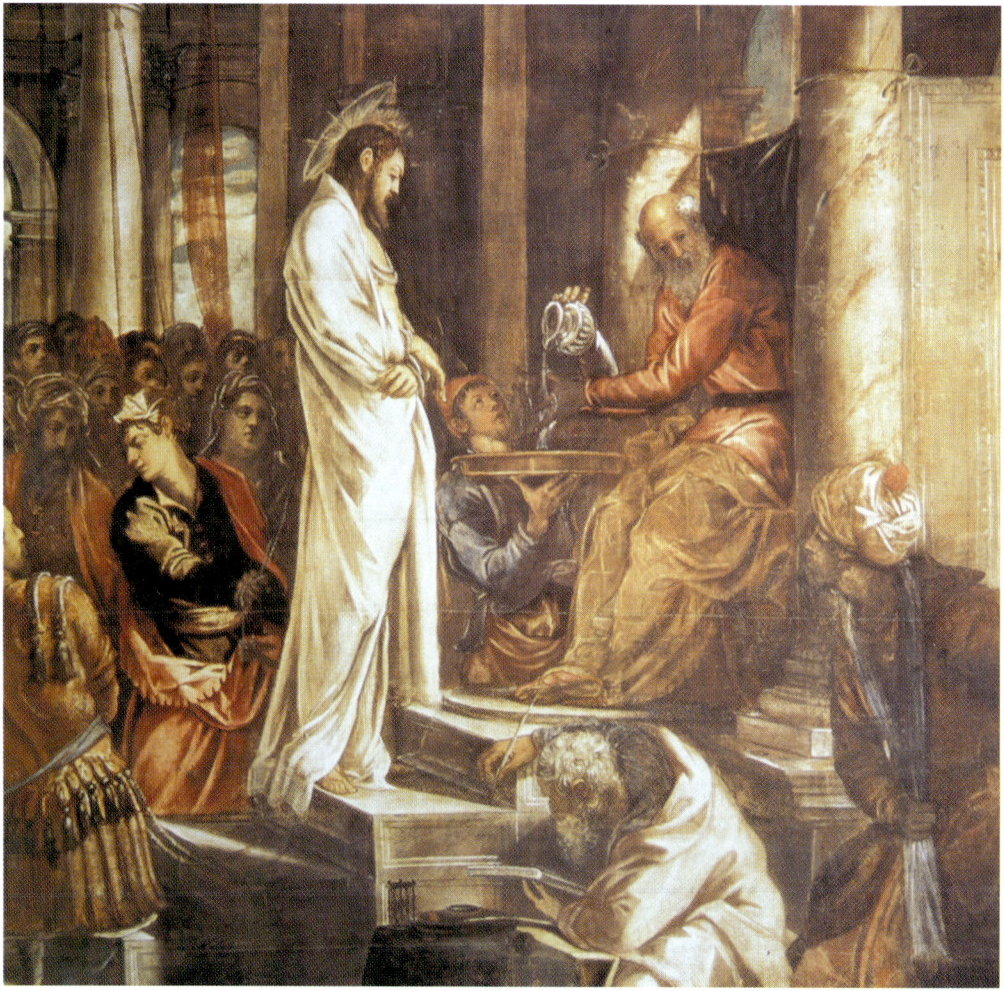

Condenado à Morte

Antes de ser levado até Pilatos, o preposto dos romanos na Judéia, Jesus enfrentou o Sinédrio, reunido na casa de Caifás. Passados dois mil anos, não se sabe ao certo como foram apresentadas as acusações contra Jesus; o que se sabe, é que lá pelas seis horas da manhã, Pilatos sentou-se na cadeira de juiz e ordenou que lhe trouxessem uma bacia com água. Então, lavou as mãos, ilustrando publicamente que se furtaria a decidir sobre a morte de Jesus, eximindo-se da responsabilidade que, segundo ele, deveria ser atribuída àqueles que o forçaram a proferir a sentença.

Jesus foi conduzido pelas ruas lotadas, para servir de exemplo a quem ousasse desafiar as leis romanas. Cambaleante, ele foi pungido e açoitado durante todo o caminho até a morte. Pilatos havia ordenado que seu "crime" fosse exibido acima de sua cabeça, assim os soldados levaram uma placa com a inscrição "Jesus de Nazaré, o Rei dos Judeus" grafada em três línguas: latim, grego e aramaico.

A inscrição INRI que aparece na maioria dos crucifixos corresponde à abreviação da versão latina: *Iesus Naxaranus Rex Iudaeorum* – Jesus Nazareno Rei dos Judeus.

A Via-Crúcis

Os soldados romanos conduziram Jesus até o local da execução, uma montanha popularmente chamada Lugar da Caveira (*Golgotha*, em aramaico, e *Calvarium*, em latim, ambos significam crânio). Obrigado a carregar pelas ruas a cruz em que seria pregado, conforme ele passava, a multidão aumentava e muitos zombavam dele e gritavam injúrias. Algumas das seguidoras de Jesus de anos anteriores se juntaram à procissão, completamente devastadas e chorando muito.

"Filhas de Jerusalém, não choreis por mim; chorai antes por vós mesmas e por vossos filhos. Pois eis que virão dias em que se dirá: Felizes as estéreis, as entranhas que não conceberam e os seios que não amamentaram", disse-lhes Jesus. "Porque se fazem assim com o lenho verde, o que acontecerá com o seco?"

Por todo o caminho, Jesus tropeçou e caiu, repetidas vezes, devido ao peso da cruz. Quando por fim ele demonstrou não ter mais forças para carregá-la, os soldados recrutaram um homem do povo para carregá-la pelo resto do percurso.

Os Últimos Dias

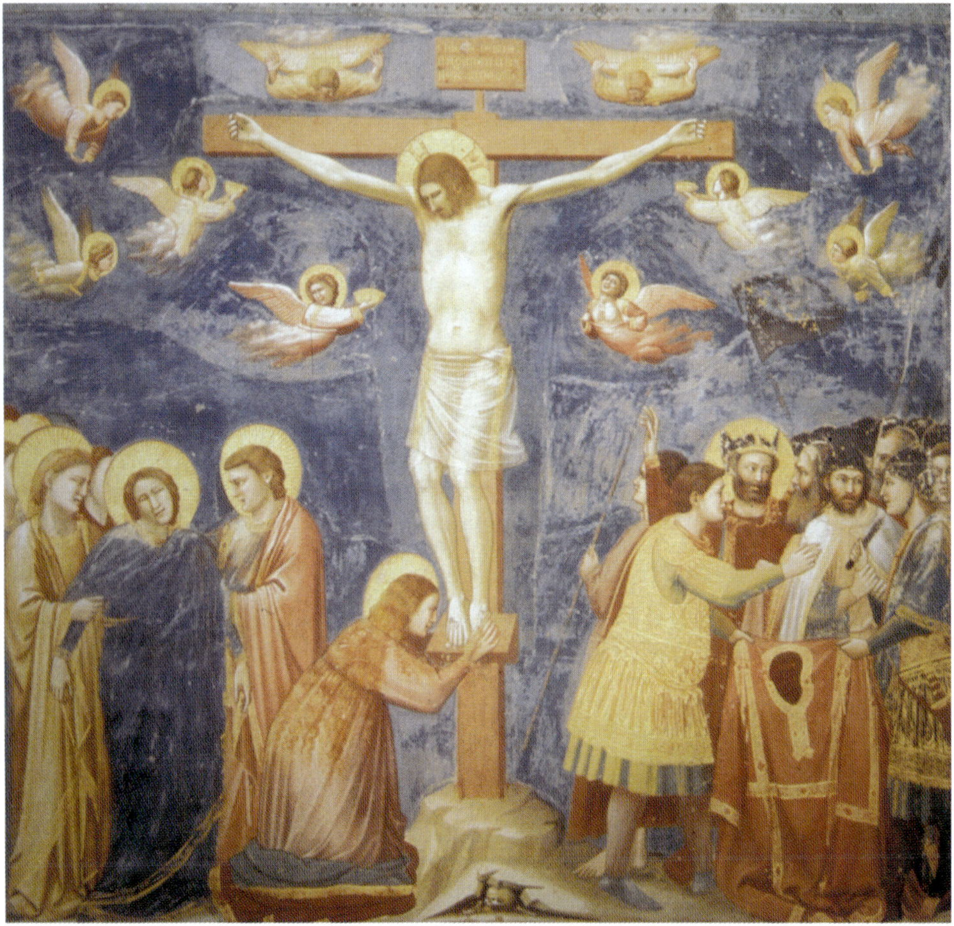

A Crucificação

Quando a procissão chegou ao monte Gólgota, quatro soldados se puseram a cumprir a missão. Eles ofereceram vinho a Jesus, que recusou; depois eles o despiram, pregaram-no à cruz e a levantaram. Jesus orou pela última vez: "Pai, perdoa-lhes, eles não sabem o que fazem".

E os insultos a Jesus continuavam: "Salva-te a ti mesmo, se és mesmo Filho de Deus, e desce da cruz", "A outros salvou, que salve a si mesmo!" A particularidade da situação despertou o interesse dos dois ladrões entre os quais Jesus foi crucificado, e um deles comentou: "Quanto a nós é de justiça, estamos pagando por nossos atos, mas ele não fez nenhum mal". Atento à inscrição acima da cabeça de Jesus, ele disse ainda: "Jesus, lembra-te de mim quando entrares no teu reino". E Jesus respondeu: "Em verdade eu te digo, hoje estarás comigo no Paraíso".

As horas se passaram, começava a escurecer e o sol tinha deixado de brilhar. Jesus gritou: *"Eli, Eli, lama sabactani?"*, que quer dizer, "Deus meu, Deus meu, por que me abandonaste?" E com um último suspiro disse: "Pai, em tuas mãos entrego o meu espírito".

A Retirada da Cruz

Jesus estava morto, pendurado à cruz. O pequeno grupo de mulheres que o tinham acompanhado esperava com ansiedade para saber o que aconteceria a seguir. José de Arimatéia e Nicodemus, dois membros do Sinédrio que, em segredo, acreditavam em Jesus e tinham discordado de sua condenação, foram até Pilatos pedir pelo corpo de Jesus, pois pretendiam sepultá-lo segundo o costume dos hebreus. Depois de confirmada a morte de Jesus, Pilatos permitiu que José ficasse com o corpo.

José e Nicodemus removeram o corpo da cruz e o baixaram até o chão. Depois, banharam-no e o envolveram num lençol limpo, com uma mistura de especiarias, e o colocaram num sepulcro que José havia construído para si próprio. Por fim, fecharam a entrada com uma pedra bem grande. Tudo havia sido feito apressadamente, pois o dia seguinte era o Sabá, dia da Preparação, um dia de descanso. Como Jesus havia dito que se levantaria dos mortos, os sacerdotes do Templo persuadiram Pilatos a colocar sentinelas para garantir a segurança da tumba. Quando os soldados assumiram seu posto, as mulheres rapidamente se afastaram em meio à escuridão da noite.

Os Últimos Dias

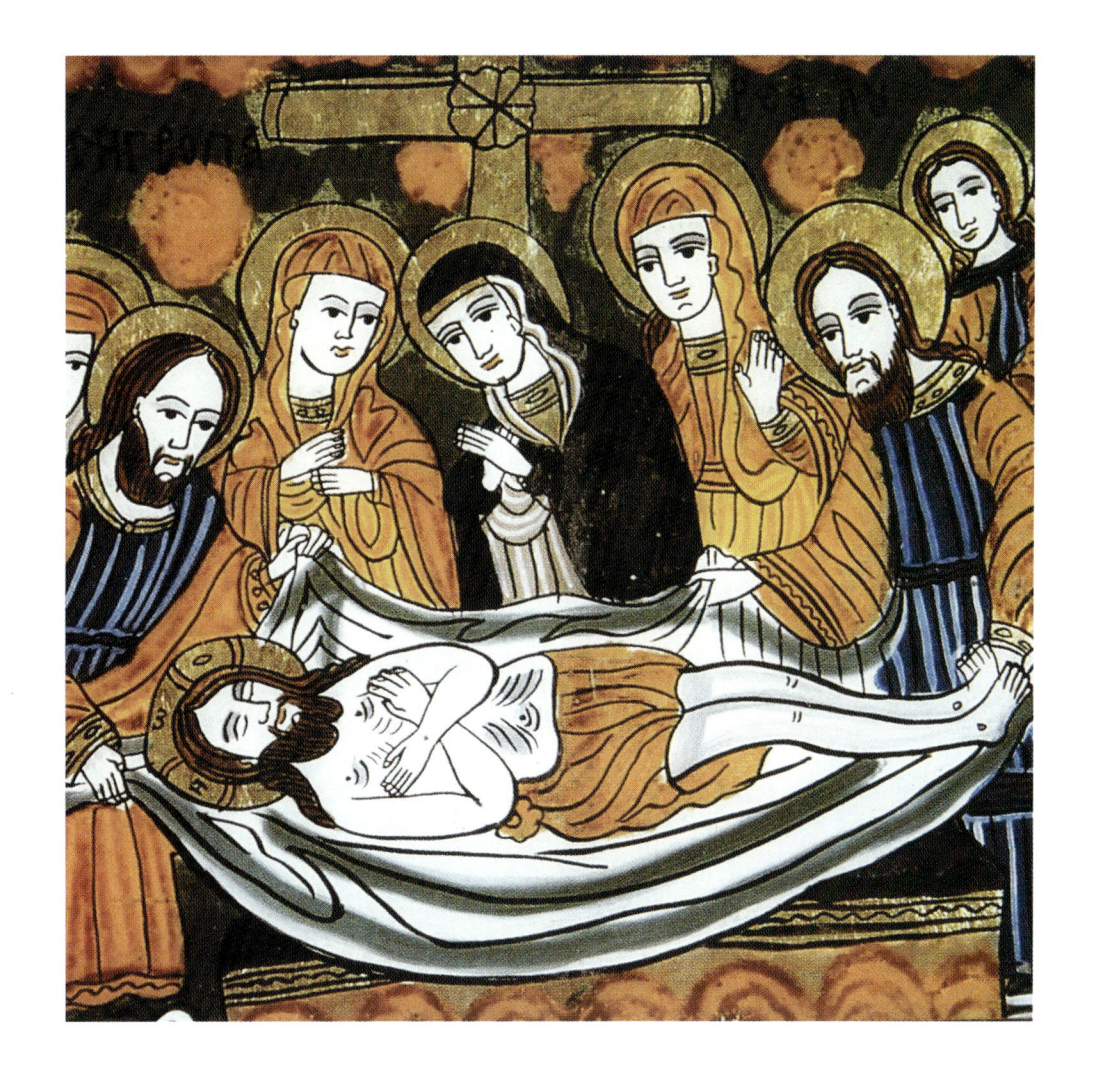

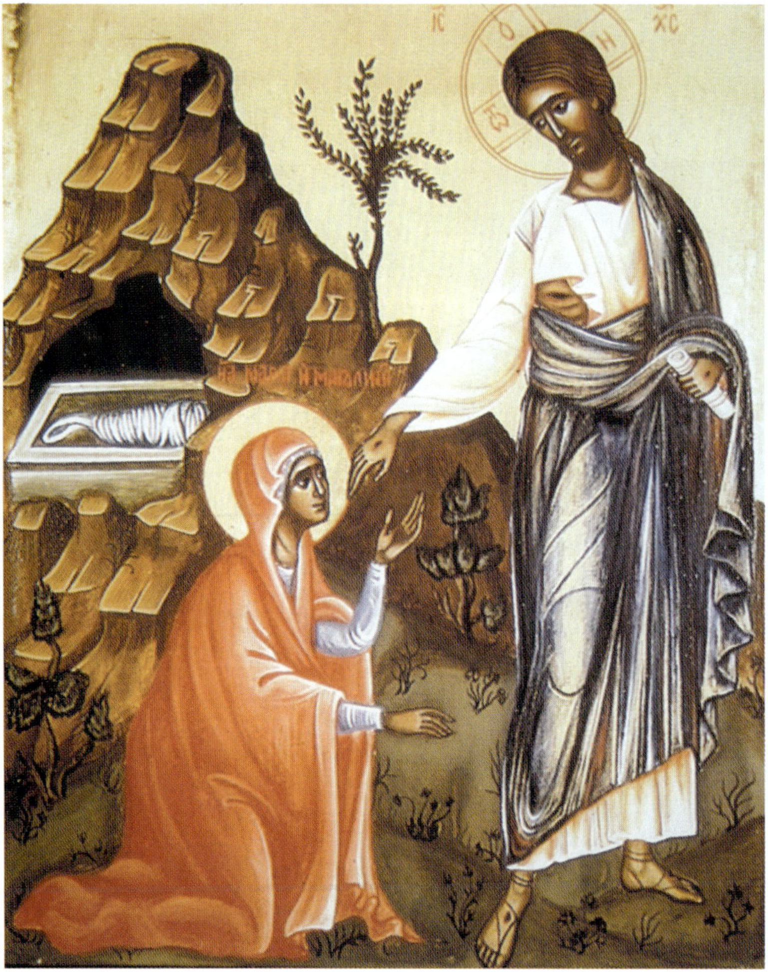

O Sepulcro Vazio

Ao nascer do Sol do dia de domingo, algumas das mulheres prepararam aromas para ungir o corpo de Jesus. No caminho até a tumba, ficaram imaginando como fazer para remover a pedra da entrada. Mas, para sua surpresa, ela já estava aberta. Lá encontraram um anjo com veste alva fulgurante que disse: "Por que procurais Aquele que vive entre os mortos? Ele não está aqui, ressuscitou, conforme havia dito. Ide já contar aos discípulos que ele ressuscitou dos mortos e que ele vos precede na Galiléia".

As mulheres correram para relatar o acontecido aos discípulos, mas estes não acreditaram nelas. Somente Pedro e um outro discípulo amado se levantaram e foram até a tumba. Ali, encontraram apenas as tiras de pano jogadas, e saíram intrigados sem saber o que teria acontecido.

Maria Madalena viu um homem que ela julgou ser um jardineiro caminhando no jardim ao lado da tumba. Ela lhe contou que alguém havia levado o corpo de Jesus e indagou se ele sabia de algo. Ele, no entanto, olhou-a no fundo dos olhos e restringiu-se a dizer: "Maria". Na mesma hora, ela soube que era Jesus.

Jesus Aparece para os Discípulos

No terceiro dia após a crucificação, Jesus começou a aparecer para seus discípulos. Apareceu diante de dois deles, enquanto seguiam para a cidade de Emaús. Quando voltaram e relataram o ocorrido aos demais, também foram desacreditados. Na noite daquele mesmo dia, Jesus apareceu diante de vários discípulos reunidos num local fechado. Estes, a princípio, ficaram espantados, pensando se tratar de um fantasma. "Por que me duvidais?", censurou-os Jesus.

Tomé era o único ausente e, ao saber do acontecido, duvidou dizendo que só acreditaria se ele próprio tocasse as chagas de Jesus.

Uma semana depois, quando todos os discípulos, incluindo Tomé, voltaram a se reunir no mesmo local, Jesus tornou a aparecer. Ele pediu a Tomé que estendesse a mão e o tocasse. Tomé caiu de joelhos: "Meu Senhor e meu Deus".

E Jesus disse: "Porque viste, creste. Felizes os que não viram e creram!"

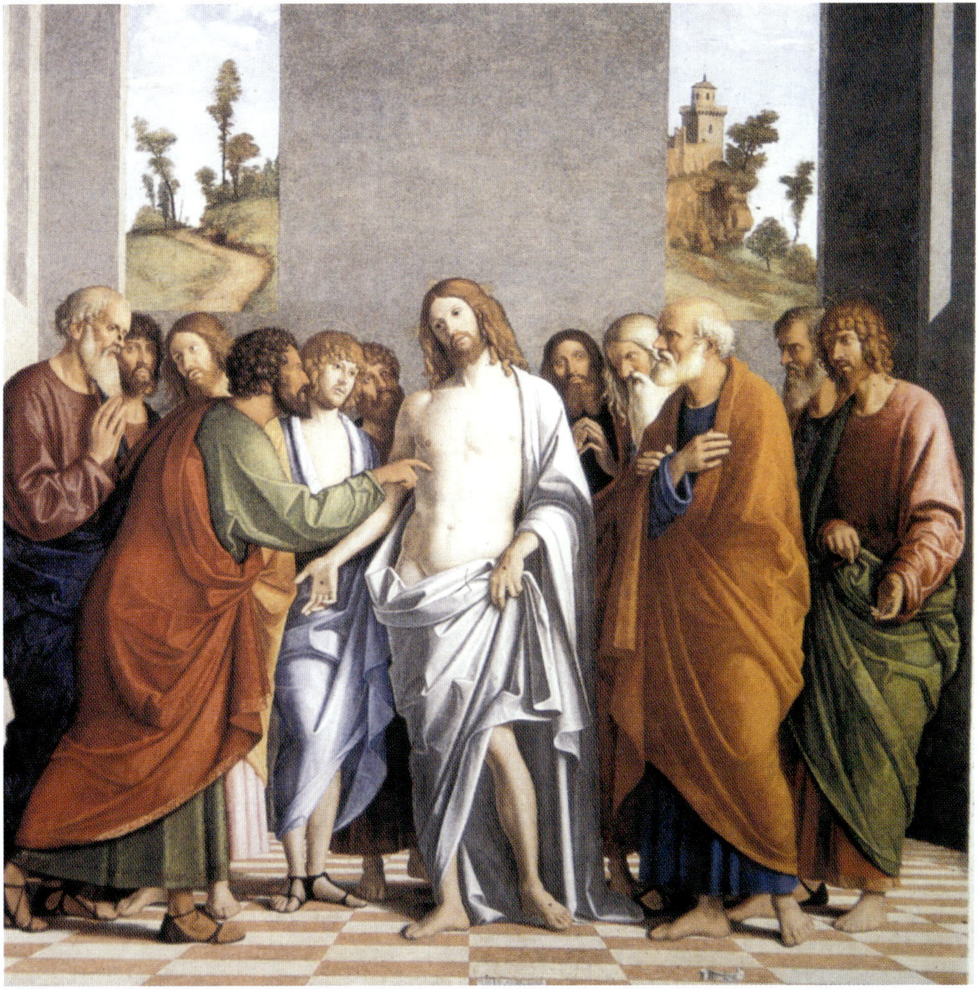

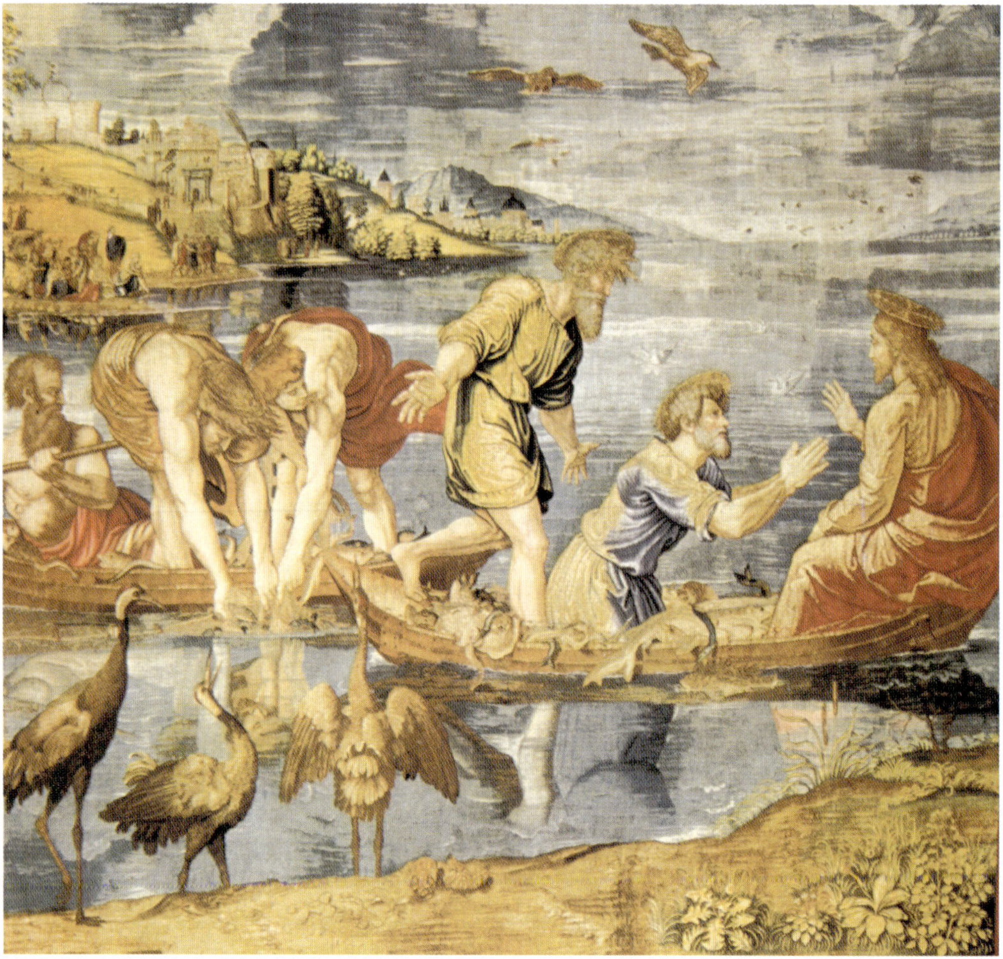

Jesus na Galiléia

Depois disso, os discípulos começaram a se dispersar. Muitos deles regressaram para casa, em sua maioria às margens do mar da Galiléia. Uma noite, Pedro saiu para pescar com outros discípulos. Eles rumaram até seu local favorito e passaram a noite armando redes onde sabiam haver peixes. Com o raiar do dia, eles enxergaram o vulto de um homem junto à beira d'água, cozinhando sobre um braseiro. Este os chamou e lhes perguntou se tinham pescado algo. "Não, nada", responderam. O homem mandou que lançassem suas redes na água novamente. Assim foi feito, e desta vez tiveram dificuldade para recolher as redes, por conta da enorme quantidade de peixes. João soube na hora que aquele era Jesus e exclamou em bom som: "É o Senhor!" Com isso, Pedro pulou na água e nadou até a margem. Os demais o seguiram de barco.

Jesus os convidou a comer. Quando terminaram, ele perguntou três vezes a Simão Pedro: "Simão, filho de João, tu me amas?" Pedro afirmou três vezes sim, como que se buscando sua absolvição. Na primeira vez Jesus lhe respondeu: "Apascenta meus cordeiros". Na segunda, "Apascenta as minhas ovelhas". E por fim, "Apascenta as minhas ovelhas. Em verdade te digo: Quando eras jovem, tu te cingias e andavas por onde querias; quando fores velho, estenderás as mãos e outro te cingirá e te conduzirá aonde não queres. Segue-me!"

A Ascensão ao Céu

Jesus ordenou a alguns dos discípulos que partissem e transmitissem sua Palavra levando a boa-nova aos quatro cantos do mundo. Durante um período de quarenta dias, ele reapareceu diante deles diversas vezes, para lembrá-los sobre o reino de Deus. E os instruiu a não se afastarem de Jerusalém e a aguardar a promessa do Pai: "Ouvistes da minha boca: pois João batizou com água, mas vós sereis batizados com o Espírito Santo dentro de poucos dias".

Os homens insistiram em saber quando ele fundaria o seu reino aqui na Terra. Em seu último encontro com eles, Jesus contou que o prazo para fundar o seu reino competia somente a Deus, e eles não deveriam perder tempo conjecturando sobre isso. "Vós recebereis a força do Espírito Santo, que descerá sobre vós, e sereis minhas testemunhas em Jerusalém, em toda Judéia e em toda Samaria, e até os confins da Terra."

Dito isso, Jesus desapareceu diante dos olhos deles. Seu corpo se esvaiu em meio a uma nuvem. Os discípulos permaneceram ali parados e viram chegar dois anjos que perguntaram: "Homens da Galiléia, por que estais aí a olhar para o céu? Este Jesus, que foi arrebatado de vós para o céu, retornará do mesmo modo como o vistes partir para o céu".

Os Últimos Dias

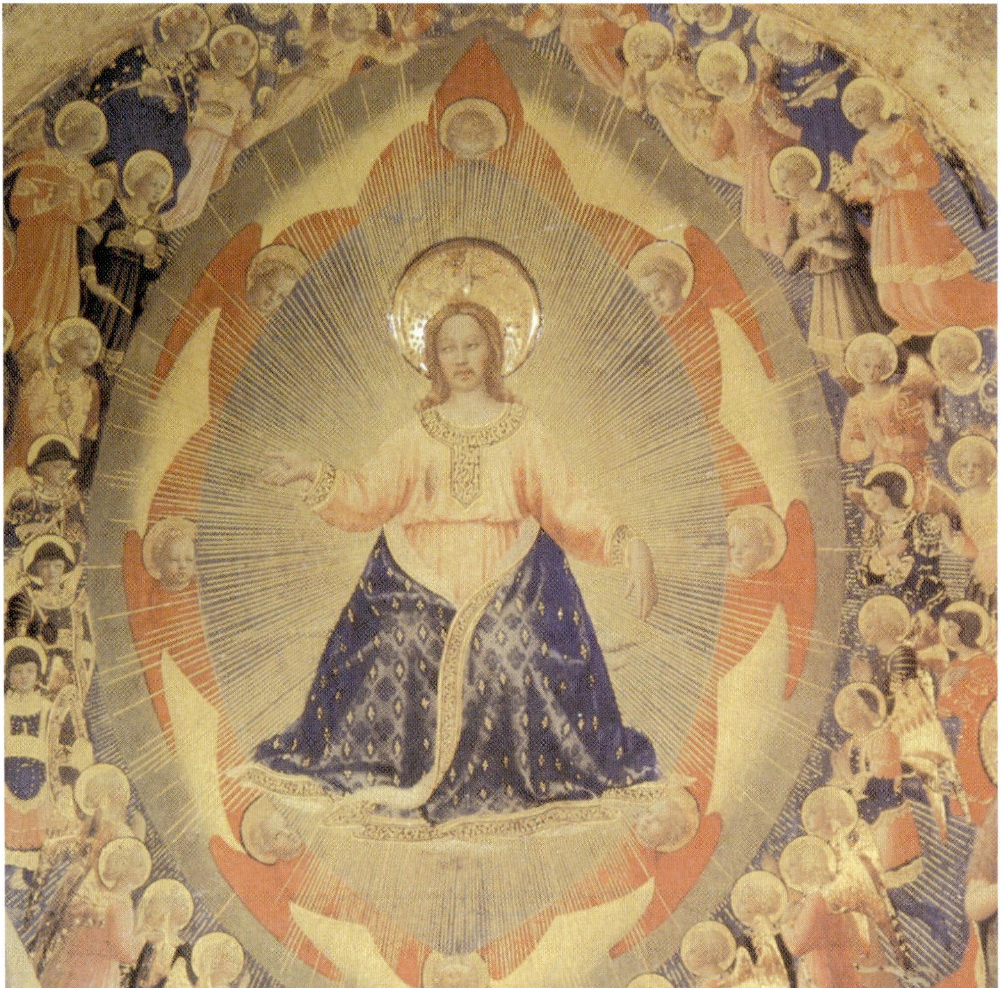

A Igreja

Depois de ressuscitar, Jesus apareceu diversas vezes diante de seus discípulos antes de finalmente ser elevado para o brilho da vida eterna. Diz-se que os discípulos ficaram perplexos com a importância desse acontecimento, bem como com o modo de descrevê-lo. Isso extrapolava sua experiência. Além disso, eles não compreendiam na totalidade o que Jesus queria dizer com "reino de Deus". Tinham dúvidas com relação à maneira como ele se manifestaria e ao papel que eles próprios desempenhariam nele.

Não obstante, cabia aos discípulos espalhar a palavra de Jesus pelo mundo. Nada daquilo havia sido registrado por escrito. Tudo o que tinham eram lembranças que guardavam no coração. Não havia regras preestabelecidas, mas sua prioridade era bastante clara. Depois de terem convivido com Jesus nos anos recentes, viajando por todo interior para ouvi-lo, compartilhando refeições com ele e testemunhando inúmeros milagres, os discípulos se dividiam entre o imenso amor que os movia e o nervosismo que cercava a missão que os aguardava.

Durante os quarenta dias seguintes, Jesus continuou a reaparecer para eles, a fim de guiá-los, aperfeiçoar-lhes a visão e ajudá-los a converter suas dúvidas em confiança.

Os discípulos se reuniram em Jerusalém no feriado de Pentecostes, para os festejos da colheita. Segundo a tradição, tais comemorações são evocadas como sendo o início da Igreja.

Nos cem anos que se sucederam à morte de Jesus, seguidores espalhados por todo o Império Romano se converteram à nova religião; e no ano de 325 d.C., o Cristianismo foi declarado a religião oficial do imperador Constantino. No decorrer de quinhentos anos, templos gregos e romanos foram transformados em igrejas para os seguidores. Com a expansão da nova religião, os deuses pagãos (termo que significa "interiorano") foram convertidos em imagens cristãs, e a força dos líderes europeus que se seguiram continuou a estimular o crescimento da nova Igreja.

Desde os seus primeiros dias, a Igreja sofreu profundas mudanças, e a mensagem de Jesus foi interpretada de diferentes maneiras. A Igreja tem desempenhado um papel fundamental como representante do corpo formal, ou dogma, da doutrina. Não obstante, o conhecimento da verdade, do amor, da confiança e do reino de Deus desde sempre se configurou uma experiência pessoal. Como disse Jesus, Deus só é conhecido bem lá no fundo, no coração.

A   I g r e j a

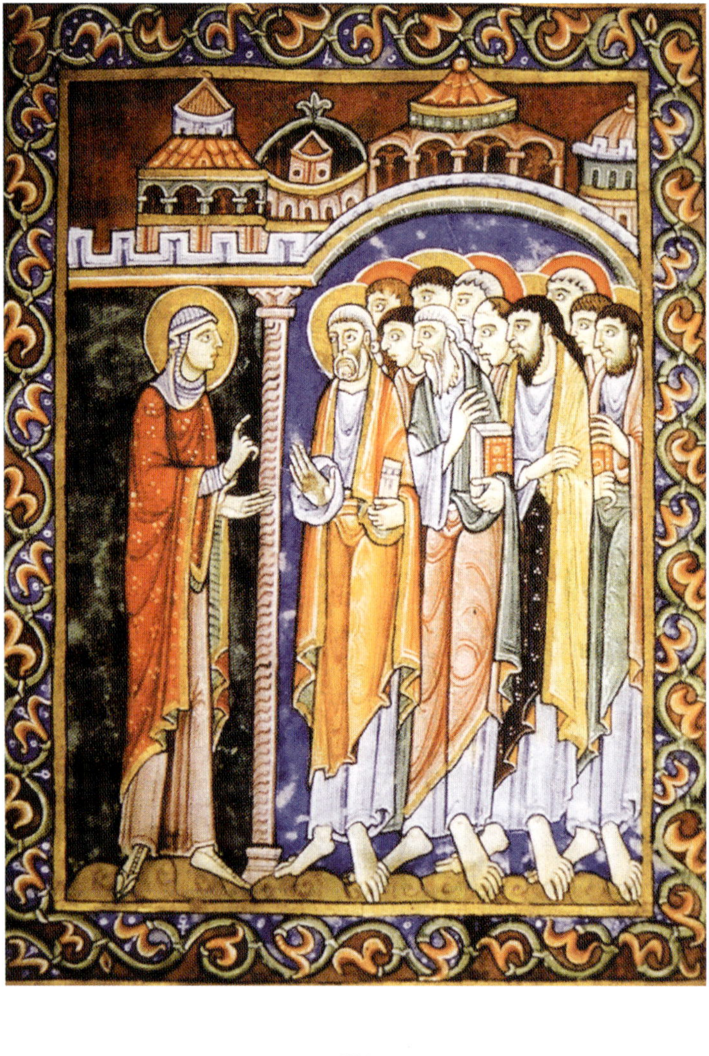

Os Apóstolos

Jesus teve muitos discípulos, homens e mulheres, aos quais se dedicou profundamente. Todos foram tocados por seu imenso amor. Mas dentre eles, doze receberam atenção especial, a fim de que se tornassem seus mensageiros nos anos que se seguiriam à sua morte. Depois de receberem uma mensagem especial de Deus, por meio do Espírito Santo, esses homens foram incumbidos de prosseguir com os ensinamentos de Jesus.

Um conjunto de relatos acerca dos primeiros anos do apostolado foi reunido em um livro chamado Atos dos Apóstolos, que sucede os quatro Evangelhos no Novo Testamento. As histórias registradas ali descrevem determinadas fases do progresso do surgimento da Igreja Cristã durante um período de cerca de trinta anos após a ressurreição de Jesus.

Escrito originalmente como sendo uma seqüência do Evangelho de Lucas, os Atos começam com o registro do impacto que a Ressurreição teve sobre os apóstolos. Antes da morte de Jesus, eles o haviam desertado; e depois da ressurreição, eles se tornaram pessoas diferentes, sujeitos a punições e até mesmo à morte, por espalhar a Sua Palavra.

O Espírito Santo

Segundo escrito nos Atos, os doze apóstolos foram a Jerusalém para celebrar a Festa de Pentecostes junto com os demais discípulos. Matias, o mais novo membro, tinha sido escolhido por sorteio para ocupar o lugar de Judas. De repente, abateu-se sobre eles um som forte vindo do céu que lembrava o sopro de um vendaval. Os apóstolos foram tomados pelo Espírito Santo e começaram a falar em diferentes línguas, o Espírito Santo falando através deles.

Nessa época, moravam em Jerusalém judeus de diversas nacionalidades. Assim, em pouco tempo, o murmurinho extraordinário que se formou atraiu uma verdadeira multidão que ouvia espantada os apóstolos fluentes em tantos idiomas. Muitos chegaram a imaginar que tudo não passava de uma bebedeira; então, Pedro se levantou e se dirigiu à multidão: "Estes homens não estão embriagados, como pensais,... Jesus, o Nazareno, foi entregue segundo o desígnio determinado e a presciência de Deus; vós o matastes, crucificando-o pela mão dos ímpios. Mas Deus o ressuscitou libertando-o das angústias do Hades, pois seria impossível retê-lo em seu poder... Arrependei-vos e vós sereis batizados em nome de Jesus Cristo para a remissão dos vossos pecados. Então, vós recebereis o dom do Espírito Santo". Ouvindo isso, muitos decidiram receber o batismo. A partir de então, o número de seguidores cresceu rapidamente e a recém-criada comunidade cristã passou a se dedicar aos ensinamentos dos apóstolos.

A Igreja

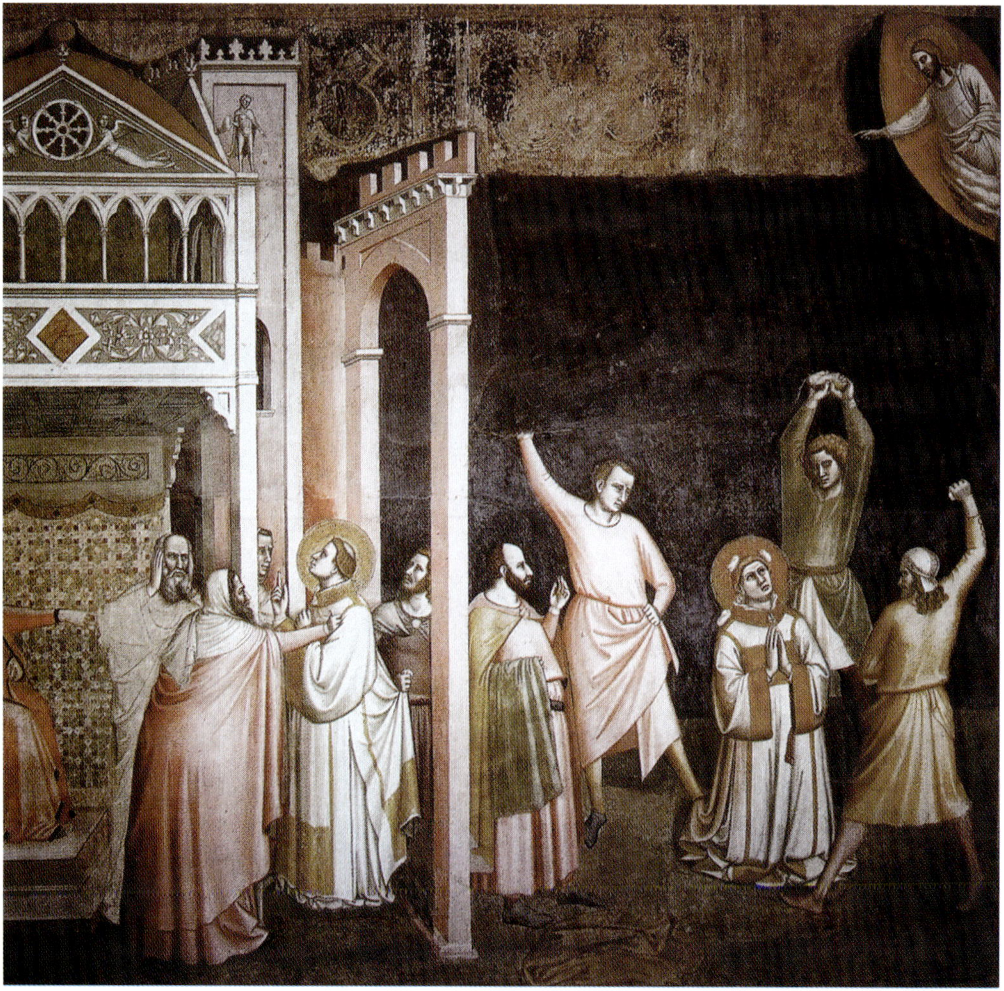

O Apedrejamento de Estêvão

Nos primeiros tempos, o crescimento da comunidade cristã foi tão intenso que os apóstolos logo precisaram de ajuda. Assim, ordenaram sete homens do povo para ajudá-los, entre os quais, Estêvão.

Da mesma forma, crescia também a insatisfação da comunidade judaica frente ao desenvolvimento do novo culto. A pregação de Estêvão foi tão mal recebida que, em segredo, eles persuadiram alguns homens a denunciá-lo por blasfêmia. Assim, Estêvão foi preso e apresentado ao Sinédrio, perante o qual as falsas testemunhas afirmaram que ele professava contra as leis e atacava os costumes da adoração no Templo. Quando Estêvão começou a falar, os membros do Sinédrio enxergaram nele o semblante de um anjo; mas, à medida que ele defendia a crença de que Deus não habitava em obras construídas pelo homem, eles foram sendo dominados pela ira. Estêvão lembrou as palavras do profeta: "O céu é meu trono, e a terra, o estrado de meus pés. Que casa me construireis?, disse o Senhor".

Furiosos com o que acabavam de ouvir, os sacerdotes o arrastaram para fora da cidade e o apedrejaram. Antes de seu último suspiro, Estêvão gritou: "Senhor, não lhes imputes este pecado".

A Conversão de Saulo

Saulo, que mais tarde seria conhecido como o apóstolo Paulo, participou do apedrejamento de Estêvão. Judeu e cidadão romano nascido na Turquia, Saulo se tornou uma proeminente figura, tendo estudado as Escrituras em Jerusalém. Segundo ele, o novo movimento representava uma grande ameaça.

Certo dia, durante uma perseguição para prender um grupo em Damasco, ele foi jogado do cavalo e, ainda no chão, foi cegado por uma visão de Jesus, que lhe disse: "Saulo, Saulo, por que me persegues?"

Os homens que o acompanhavam puderam ouvir tudo, mas não conseguiram ver nada, e permaneceram mudos. Cego, Saulo precisou ser guiado até Damasco. Ele ficou em jejum completo, nos três dias que se seguiram.

Enquanto isso, um discípulo chamado Ananias, que vivia naquela cidade, soube por meio de uma visão que deveria ir ter com Saulo, e, pela imposição das mãos, restaurar sua visão. Ananias assim o fez, e Saulo, com a visão recobrada, pediu para ser batizado.

A Igreja

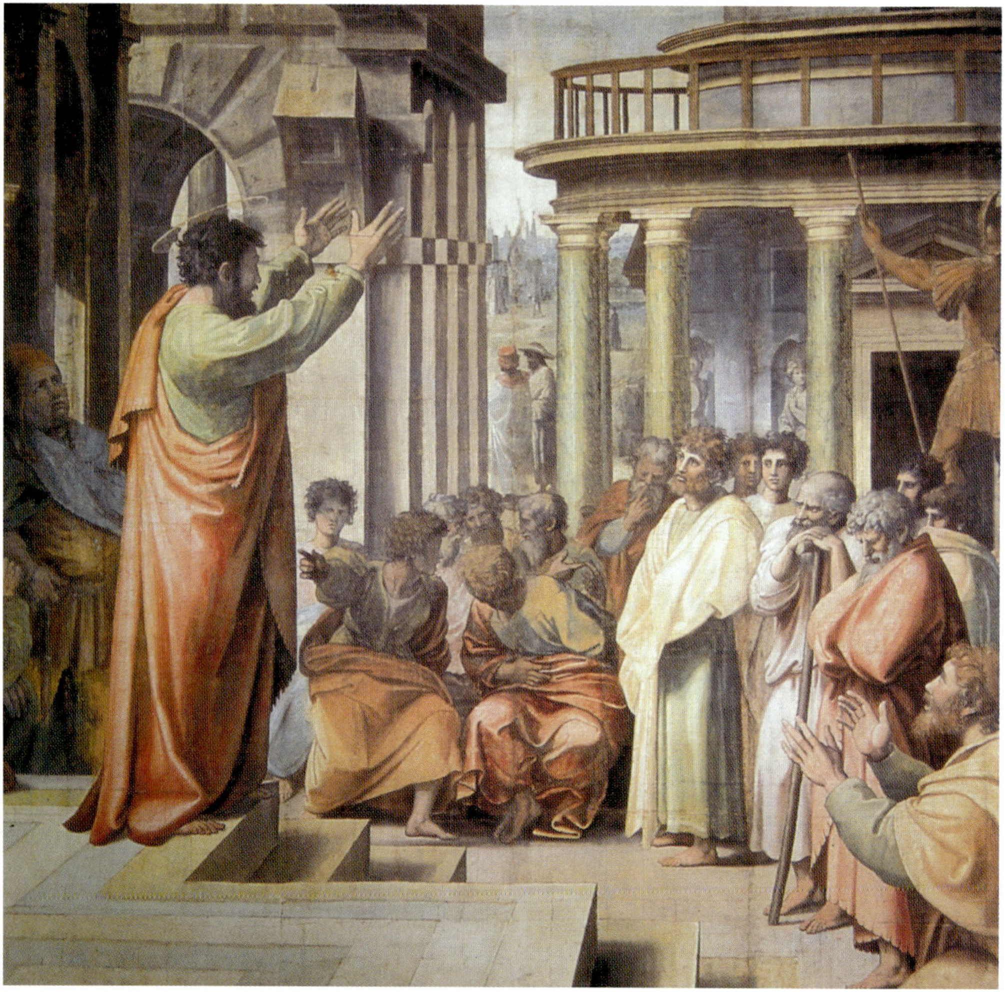

A Igreja na Antioquia

Situada cerca de quinhentos quilômetros ao norte de Jerusalém, no século I d.C., a Antioquia ocupava o posto de terceira maior cidade do Império Romano. E, como grande parte de sua população era judia, depois do martírio de Estêvão ela se tornou um refúgio natural para os seguidores de Jesus. Com a fuga dos judeus, os gentios ou não-judeus começaram a acreditar nas histórias sobre Jesus. E, ao saberem disso, o cipriota Barnabé e seguidores de Jerusalém foram enviados à Antioquia para incentivá-los. Paulo juntou-se a Barnabé e ambos fundaram a primeira Igreja dos gentios, e receberam o título de cristãos.

Antes disso, costumava-se referir aos seguidores como "discípulos", "crentes" ou "seguidores do Caminho"; já entre si, eles se tratavam como "irmão" e "irmã". O termo em latim *christianis*, que significa "pertencente a Cristo", era o apelido utilizado por pessoas de fora da cidade para designá-los. E, embora para muitos os cristãos novos tivessem muitas semelhanças com um grupo de judeus, os devotos de Cristo se distinguiam pela profunda fé em Jesus. A partir do século II, esse termo foi adotado pelos próprios seguidores como sendo o preferido para designar os membros da comunidade.

O Evangelho de Mateus

A palavra evangelho significa "boa-nova". Sua utilização provavelmente teve origem na crença de que Isaías estava se referindo a Jesus ao dizer: "Como são belos os pés dos que anunciam as boas notícias". Nas cartas de Paulo, escritas antes dos Evangelhos, esse mesmo termo é usado claramente para designar a mensagem de Jesus.

Cada um dos Evangelhos do Novo Testamento foi escrito por uma comunidade diferente da nova Igreja, e cada qual com um objetivo próprio e narrando a história com beleza e peculiaridades ímpares. Acredita-se que o Evangelho de São Mateus tenha sido escrito por uma comunidade de cristãos, judeus e não-judeus, que viveu na Antioquia entre 85 d.C. e 90 d.C., e que seus autores supostamente tenham abordado as necessidades de uma comunidade dividida e perseguida. Depois da expulsão dos cristãos de Roma após um incêndio criminoso na cidade, no ano de 64 d.C., e da queda de Jerusalém em 70 d.C., os novos cristãos foram ainda admoestados por judeus e gentios, que disputavam entre si. A igreja de Mateus aparentemente era farta em desavenças e, portanto, o foco do seu Evangelho foi a unificação do reino de Deus, com base na humildade e na justiça misericordiosa.

A Igreja

O PEQUENO LIVRO DE JESUS

O Evangelho de Marcos

O Evangelho de Marcos é o menos extenso dos quatro, e ao que tudo indica foi o primeiro a ser escrito. Ele foi aparentemente escrito visando a leitura em voz alta, como ditava a tradição de sua época. O Evangelho de Marcos se baseia em histórias da tradição oral passada por comunidades cristãs, organizadas segundo suas crenças e condição. A impressão é de que esse Evangelho foi preparado para uma comunidade que tinha problemas para compreender a ressurreição de Jesus.

Estima-se que o Evangelho de Marcos tenha sido escrito no período entre 65 d.C. e 75 d.C., pouco tempo antes ou logo depois da tomada de Jerusalém por Roma no ano de 70 d.C. No pós-guerra, a Judéia sofreu com um controle ainda maior por Roma, tendo sido privada do sistema sacrificial do Templo. Os sacerdotes hebreus perderam a liderança, que foi gradualmente passada aos rabinos, dotados de reconhecida capacidade para aplicar as leis da Torá à vida cotidiana. A comunidade judeu-cristã não havia participado da guerra e isso contribuiu para aumentar a ruptura entre o judaísmo e o cristianismo emergente.

O Evangelho de Lucas

Acredita-se que Lucas era um gentio nascido na Grécia, que acompanhara Paulo em algumas de suas primeiras missões. O Evangelho de Lucas, assim como o de Mateus, parece seguir a mesma seqüência que o de Marcos, e talvez também tenha sido influenciado por uma outra fonte anterior, chamada "Q". O Evangelho de Lucas deve ter sido escrito por volta do ano 80 d.C.

Tanto o Evangelho de Lucas quanto os Atos dos Apóstolos foram escritos pelo mesmo autor e dedicados a Teófilo, o grego, sobre o qual pouco se sabe. Lucas procurou contar a história de sua mais nova crença, aprendida com algumas pessoas em Jerusalém. Ele procurava focar o escopo universal do trabalho divino, e tentava apresentar o novo movimento religioso como sendo a realização do plano de Deus para salvar o mundo.

O Evangelho de Lucas claramente visava atingir em especial os gentios. A preocupação com romanos e gregos fez com que Jesus fosse distanciado das questões políticas de Israel; e, assim como nas passagens bíblicas, apresenta Deus a serviço de toda a humanidade. Lucas não trata a revelação no tempo futuro, mas, sim, no presente. "Hoje se cumpriu aos vossos ouvidos essa passagem da Escritura."

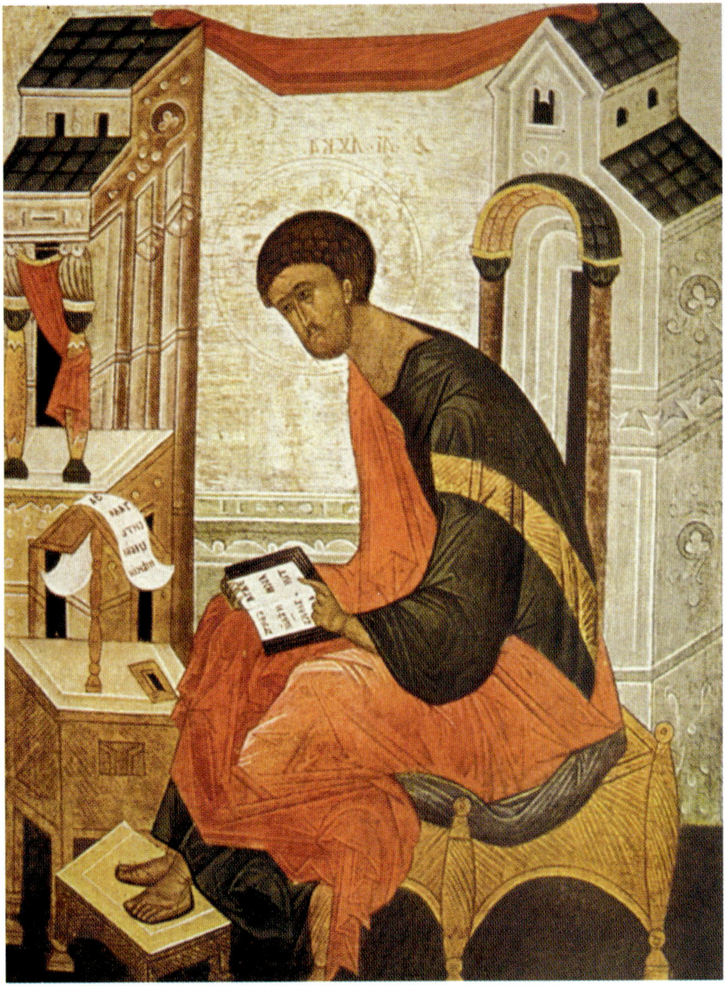

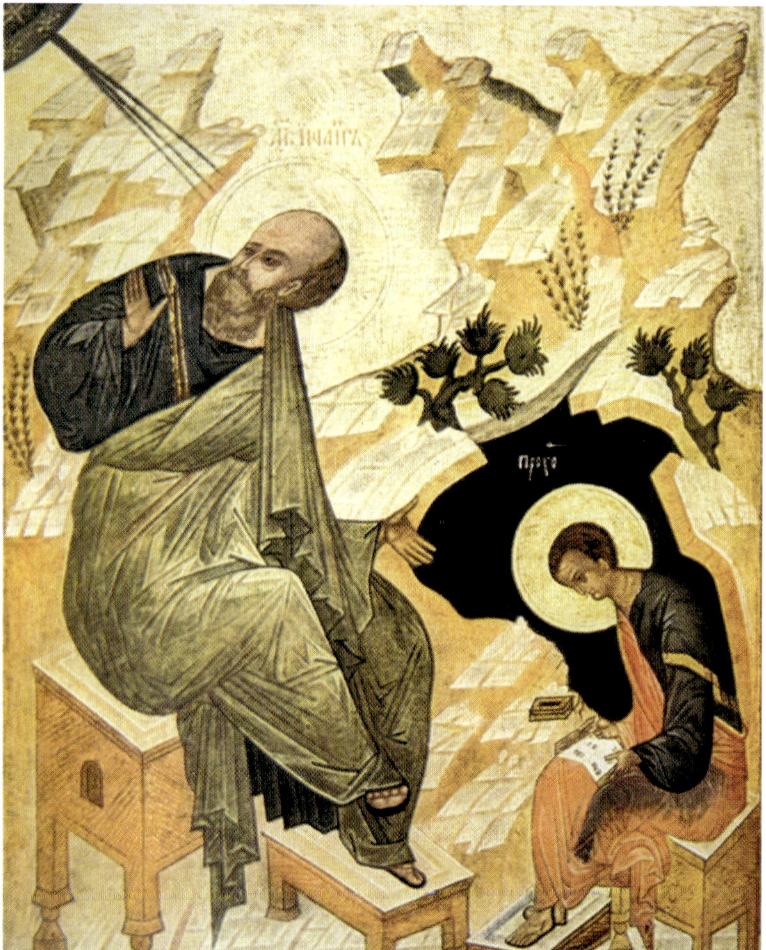

O Evangelho de João

O Evangelho de João é uma obra intrigante que, em partes, difere muito dos demais Evangelhos, e, em geral, é encarado como sendo um Evangelho espiritual. Seu autor trata o pecado de maneira diferente dos outros autores, definindo-o como um estado de alienação de Deus que leva à cegueira espiritual. Há evidências de que o Evangelho de João tenha sido escrito por volta do ano 150 d.C., e seu objetivo mais provável seria complementar ou, até mesmo, interpretar os demais Evangelhos.

O Evangelho de João se diz baseado no testemunho vivo de alguém a quem se chama "o discípulo amado", e é possível que sua primeira parte tenha sido efetivamente ditada por João – o apóstolo a quem se atribui sua autoria.

Ao que parece, o autor também usou outras fontes de referência sobre a vida e os ensinamentos de Jesus, cujos dados foram interpretados de um modo bem particular. As tentativas de estudiosos para desvendar que outras fontes seriam essas – como, por exemplo, o "livro dos sinais" ou uma narrativa independente sobre a Paixão – não obtiveram êxito.

Outros Evangelhos

Afora os quatro Evangelhos canônicos, são muitas as referências à vida e à doutrina de Jesus em fontes anteriores a eles. Dentre elas, incluem-se aproximadamente vinte e quatro "Evangelhos apócrifos" escritos entre o segundo e o quinto século, e que contêm acontecimentos da infância de Jesus, narrativas da Paixão e relatos de sua descida ao Inferno. Entre esses outros evangelhos destacam-se o Evangelho de Pedro e o Evangelho de Egerton.

Mesmo com os quatro Evangelhos canônicos já escritos, a história de Jesus continuou a ser amplamente transmitida através da tradição oral. E é provável que outros registros antigos igualmente baseados na transmissão oral tenham contribuído para preservar a autenticidade das palavras de Jesus.

Dentre uma coleção de códices descobertos em 1945, que ficaram conhecidos como os manuscritos de Nag Hammadi, estava o chamado Evangelho de Tomé, um manuscrito apócrifo datado do século IV e escrito em cóptico, um dialeto egípcio antigo. Diferentemente dos demais Evangelhos canônicos, o Evangelho de Tomé não consiste num texto narrativo, e sim numa série de quatorze afirmações, ou "palavras secretas", que Jesus supostamente havia transmitido ao discípulo Tomé.

A Igreja

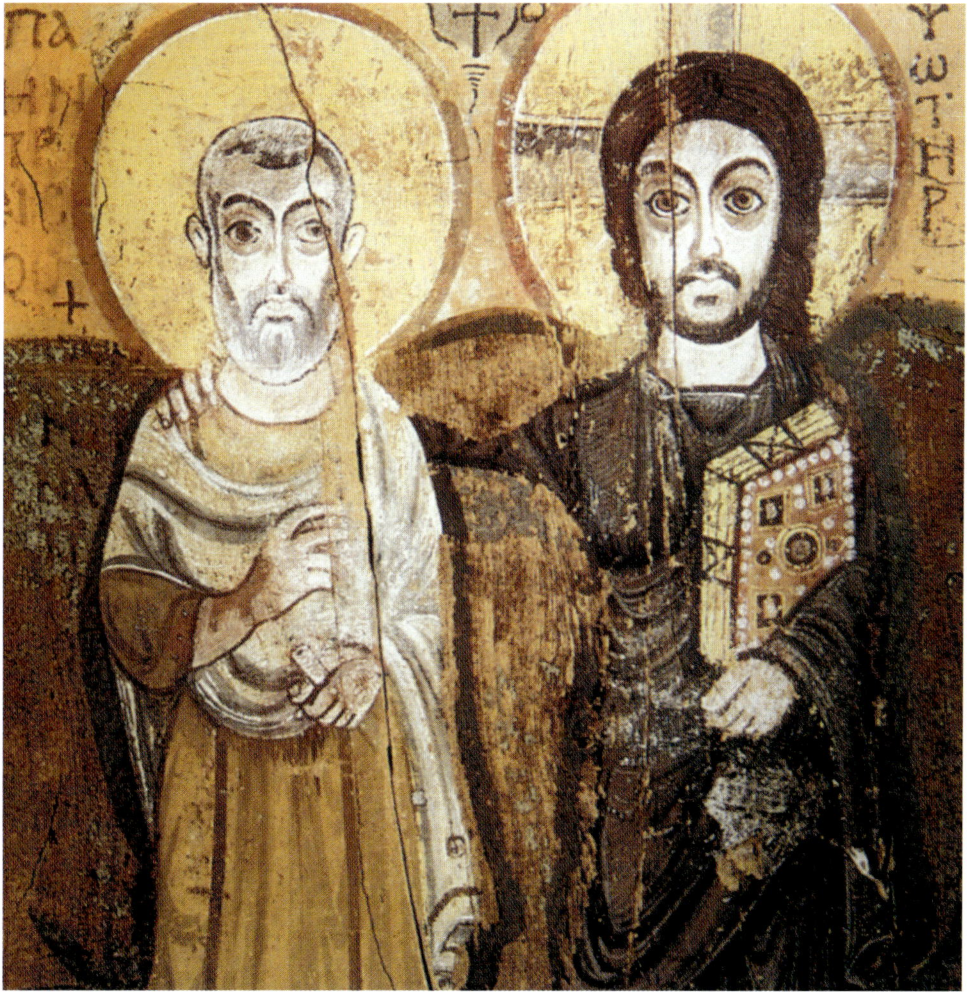

Considerações Finais

As histórias preservadas nos Evangelhos e nos demais livros do Novo Testamento, assim como nos textos apócrifos, fazem parte de uma extraordinária tentativa para manter vivos os ensinamentos de Jesus. Ao longo de dois milênios, elas já foram lidas, contadas, interpretadas e ilustradas inúmeras vezes e continuam a desempenhar um papel fundamental na vida espiritual de pessoas do mundo todo. Sua importância para a vida religiosa e cultural do Ocidente representa um fenômeno que não deve jamais ser subestimado.

Os fiéis que participam ativamente dos ritos da Igreja e dos feriados cristãos têm uma vivência ainda mais profunda do significado dos ensinamentos de Jesus do que aqueles que simplesmente conhecem sua história. A participação nessas celebrações garante uma ligação direta com o que foi a vida de Jesus na Palestina, e com o Deus Pai. Todos os que se dispõem a orar e entoar hinos, e a se reunir para celebrações religiosas, são parte de uma extraordinária herança de bênçãos e alegria.

A mensagem de Jesus é universal, e se faz presente em cada coração que ama e em cada mão que se estende num gesto de paz.

Agradecimentos

Capa: *A Última Ceia*, Fra Angelico; Convento de São Marcos, Florença, Itália.
p. 4: *Noli Me Tangere* (detalhe); escola de Creta; Angela Heuser, Bonn, Alemanha.
p. 6: *An Ethiopian Nativity*, British Museum, Londres, Inglaterra.
p. 9: *A Cura do Cego de Nascença*, Basílica de Santo Ângelo, Cápua, Itália.
p. 10: *Queen Mary Psalter*, British Library, Londres, Inglaterra.
p. 13: *Cristo Emanuel*, de Simon Ushakov, Biblioteca Nacional de Saxony, Departamento de Fotografia, Dresden, Alemanha.
p. 14: *A Anunciação*, Fra Angelico; Convento de San Marco, Florença, Itália.
p. 17: *Anjo Atende às Súplicas de Zacarias*; Coleção Wildenstein.
p. 18: *A Visitação*; Mariotto Albertinelli, Galeria Uffizi, Florença, Itália.
p. 21: *Os Evangelhos da Bíblia Moralisée*, Biblioteca Nacional de Paris, França.
p. 22: *Natividade*; Giotto; Capela Scrovegni, Pádua, Itália.
p. 25: *A Aparição do Anjo aos Pastores*; Museu Marmottan, Paris, França.
p. 26: *Apresentação de Jesus no Templo*; Giotto; Capela Scrovegni, Pádua, Itália.
p. 29: *Adoração dos Magos*, Lorenzo Monaco; Galeria Uffizi, Florença, Itália.
p. 30: *Fuga para o Egito*; Giotto; Capela Scrovegni, Pádua, Itália.
p. 33: *Massacre dos Inocentes*; Fra Angélico; Convento de San Marco, Florença, Itália.
p. 34: *Saltério do Século XIII*; página de Saltério inglês do século XIII; Fitzwilliam Museum, Universidade de Cambridge, The Bridgeman Art Library, Inglaterra.
p. 37: *Cristo Entre os Doutores no Templo*; Giotto; Capela Scrovegni, Pádua, Itália.
p. 38: *São João o Precursor no Deserto*; Sophiyskiy Cathedral (Igreja da Divina Sabedoria), Novgorod, Moscou, Rússia.
p. 41: *O Batismo de Cristo*; Giotto; Capela Scrovegni, Pádua, Itália.
p. 42: *Cristo e Satanás; do breviário da rainha Isabela da Espanha*; The British Library /HIP Topham Picturepoint.
p. 45: *Salomé com a Cabeça de João Batista*; Andrea Solario; Museu Kunsthistorisches, Viena, Áustria.
p. 46: *O Chamado dos Apóstolos Pedro e André*; Duccio di Buoninsegna, Galeria Nacional de Arte, Washington D.C., EUA.
p. 49: *Jesus Multiplica os Peixes e os Pães*; Basílica de São Marcos, Veneza, Itália.

p. 50: *Sermão da Montanha*; Fra Angelico, Convento de São Marcos, Florença, Itália.
p. 53: *Pregação de Cristo ao Povo*; Perugino e Pintoricchio, Instituto de Fotografia Editorial, Florença, Itália.
p. 54: *Os Tributos*; Masaccio, Capela de Santa Maria Del Carmine, Florença, Itália.
p. 57: *Julgamento de Cristo*; Biblioteca Nacional de Paris, França.
p. 58: *A Paternidade Divina*; Escola de Novgorod, Galeria Tretyakov, Moscou, Rússia.
p. 61: *Santíssima Trindade*; Convento de Dochiariou, Monte Athos, Grécia.
p. 62: *A Pesca Milagrosa*; Antoniazzo Romano; Museu Petit Palais, Avignon, França.
p. 65: *Bodas de Caná*; Igreja de Sant'Apollinare Nuovo, Siena, Itália.
p. 66: *Cristo que não foi feito por mãos*, Berlin State Library – Prussian Cultural Heritage, Berlim, Alemanha.
p. 69: *Vocação de Pedro e de André*; Domenico Ghirlandaio, Capela Sistina, Vaticano.
p. 70: *Pregação de Paulo*; Biblioteca Nacional de Paris, França.
p. 73: *Jesus Ensina seus Discípulos*; Museu Condé, Chantilly, França.
p. 74: *A Mulher Adúltera*; Rembrandt, Galeria Nacional, Londres, Inglaterra.
p. 77: *Jesus na Casa do Fariseu Simão*; Jean Fouquet; Museu Condé, Chantilly, França.
p. 78: *A Cura do Paralítico*; Mosteiro de Iveron, Monte Athos, Grécia.
p. 81: *Jesus na Samaria*; Duccio di Buoninsegna; Coleção Thyssen-Bornemisza, Lugano, Suíça.
p. 82: *Ressurreição de Lázaro*; Mosteiro Santa Catarina, Sinai, Egito.
p. 85: *Transfiguração*; Mosteiro Santa Catarina, Sinai, Egito.
p. 86: *Christ Pantocrator*; de um pintor a serviço do Arcebispo Constantino em Orchrid; ©Ursula Held, Ecublens, Suíça.
p. 88: *Jesus no Jardim de Getsêmani*; Master of the Trebon Altarpiece; Galeria Nacional de Praga, República Tcheca.
p. 91: *Pentecostes*; Giotto; Capela Scrovegni, Pádua, Itália.
p. 92: *Entrada em Jerusalém*; Giotto; Capela Scrovegni, Pádua, Itália.
p. 95: *A Expulsão dos Vendilhões do Templo*; Giotto; Capela Scrovegni, Pádua, Itália.
p. 96: *A Santa Ceia*; Fra Angelico; Convento de São Marcos, Florença, Itália.

p. 99: *O Lava-pés*; Giotto; Capela Scrovegni, Pádua, Itália.
p. 100: *O Pacto de Judas*; Giotto; Capela Scrovegni, Pádua, Itália.
p. 103: *Agonia no Jardim*; Mantegna; Galeria Nacional, Londres, Inglaterra.
p. 104: *O Beijo de Judas*; Giotto; Giovanni Dagli Orti.
p. 107: *Cristo Diante de Caifás*; Giotto; Capela Scrovegni, Pádua, Itália.
p. 108: *Cristo Diante de Pilatos*; Jacopo Tintoretto; Escola de San Rocco, Veneza, Itália.
p. 111: *O Caminho do Calvário*; Giotto; Capela Scrovegni, Pádua, Itália.
p. 112: *Crucificação*; Giotto, Capela Arena, Pádua, Itália.
p. 115: *Lamentação de Cristo*; Editora Wichern, Berlim, Alemanha.
p. 116: *Noli Me Tangere*; cópia do original da escola de Creta; Angela Heuser, Bonn, Alemanha.
p. 119: *A Incredulidade de Tomé*; Cima da Conegliano; Galeria Nacional, Londres, Inglaterra.
p. 120: *O Milagre dos Peixes*; Raphael; Museu do Vaticano, Vaticano.
p. 123: *Ressurreição de Cristo*; Giotto; Capela Scrovegni, Pádua, Itália.
p. 124: *O Julgamento Final*; Fra Angelico; Convento de San Marco, Florença, Itália.
p. 127: *Cristo a Vinha*; ícone em vidro; Museu de Arte, Budapeste, Hungria.
p. 128: *Maria Madalena e os Apóstolos*; Salmo de Santo Albano; propriedade da Paróquia de St. Godehard, Hildesheim, Dinamarca.
p. 131: *Pentecostes*; Paul Huber, Museu (Psiquiátrico) de Berna, Suíça.
p. 132: *Martírio de Santo Estêvão*; Bernardo Daddi; Capela Pulci e Berardi, Basílica da Santa Cruz, Florença, Itália.
p. 135: *Conversão de São Paulo*; Lower Saxony Museum, Hanover, Alemanha.
p. 136: *Pregação de São Paulo em Atenas*: Victoria & Albert Museum, Londres, Inglaterra.
p. 139: *São Mateus*; British Library, Londres, Inglaterra.
p. 140: *São Marcos*; Museu Condé, Chantilly, França.
p. 143: *São Lucas o Evangelista*; Escola de Novgorod, Galeria Tretyakov, Moscou, Rússia.
p. 144: *São João o Teólogo*; Escola de Novgorod, Galeria Tretyakov, Moscou, Rússia.
p. 147: *O Apóstolo Tomé*; Nicolas Frances; Museu de Santa Cruz, Toledo, Espanha.
p. 149: *Ícone Cóptico de Cristo com Abbot Menas*; Museu do Louvre, Paris, França.